박영규 선생님의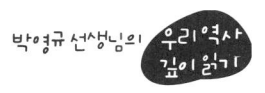

백제사 이야기
온조왕부터 의자왕까지

그린이 **한창수**

추계예술대학교 동양화과를 졸업했습니다.
한국출판미술가협회 회원이며, 일러스트레이션 그룹 모빌의
회원으로 활동하고 있습니다. 그린 책으로는 《달팽이 집이 요술을 부려요》
《소별왕 대별왕》《우리 문화유산에는 어떤 비밀이 담겨 있을까?》
《삼국지 속에 숨은 논술을 찾아라》 등이 있습니다.

박영규 선생님의 우리 역사 깊이 읽기
백제사 이야기
온조왕부터 의자왕까지

1판 1쇄 발행 | 2006. 9. 25.
1판 16쇄 발행 | 2022. 5. 1.

박영규 글 | 한창수 그림

발행처 김영사 | **발행인** 고세규
등록번호 제 406-2003-036호 | **등록일자** 1979. 5. 17.
주소 경기도 파주시 문발로 197(우-413-120)
전화 마케팅부 031-955-3100 | **편집부** 031-955-3113~20 | **팩스** 031-955-3111

ⓒ 2006 박영규
이 책의 저작권은 저자에게 있습니다.
저자와 출판사의 허락 없이 내용의 일부를 인용하거나 발췌하는 것을 금합니다.

값은 표지에 있습니다.
ISBN 978-89-349-2303-9 73900
ISBN 978-89-349-1949-0 (세트)

좋은 독자가 좋은 책을 만듭니다. 김영사는 독자 여러분의 의견에 항상 귀 기울이고 있습니다.
전자우편 book@gimmyoung.com | 홈페이지 www.gimmyoungjr.com

어린이제품 안전특별법에 의한 표시사항
제품명 도서 제조년월일 2022년 5월 1일 제조사명 김영사 주소 10881 경기도 파주시 문발로 197
전화번호 031-955-3100 제조국명 대한민국 ⚠주의 책 모서리에 찍히거나 책장에 베이지 않게 조심하세요.

박영규 선생님의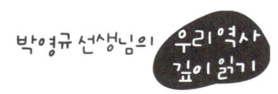

백제사 이야기
온조왕부터 의자왕까지

주니어김영사

백제 사람들에게 보내는 초대장을 만들며

백제는 우리에게 무엇인가?

 백제라는 이름을 되풀이해서 불러 보면 이상하게도 쓸쓸하고 불쌍한 느낌이 든다. 부여의 후예로 고구려를 세우는 데 큰 역할을 했던 계루부 집단의 우두머리 소서노. 그녀는 남편 주몽에 이어 유리가 왕위에 오르자 아들 비류와 온조 그리고 자신을 따르는 신하와 백성을 이끌고 새로운 땅을 찾아 망명 길에 오른다. 소서노는 고구려보다 훨씬 위대한 국가를 세우리라는 꿈을 꾸었을 것이다.

 이렇듯 소서노라는 한 여인의 한과 눈물과 위대한 뜻이 뒤엉켜 한 송이 꽃을 피웠으니, 그것이 곧 백제였다.

 백제 사람들은 자신들의 고향인 저 대륙으로 돌아갈 꿈을 꾸며 힘을 키우고 세력을 넓혔다. 드디어 고이왕 때 대륙백제를 세움으로써 고향으로 가는 징검다리를 놓았다. 그리고 근초고왕 때에 이르러 마침내 대국의 위업을 이루고 고향 땅을 다시 밟았다. 반드시 고향 땅으로 돌아오리라던 소서노의 다짐은 그녀가 세상을 떠난 지 400년이 지나서야 이루어졌다.

 하지만 안타깝게도 백제의 영화는 그리 오래가지 못했다. 고향 땅에 발을 디딘 것도 잠시, 백제 땅은 그 뒤로 점점 줄어들어 성왕 때는 대륙의 땅을 모두 잃고 한반도 남쪽의 일부 지역으로 쪼그라들기에 이른다. 마침내 고구려와 당나라의 치열한 주도권 싸움에 휘말려 나라를 세운 지 678년 만에 신라에 합쳐지고 말았다.

 패자는 말이 없다고 했던가. 백제가 무너진 뒤 신라는 줄기차게 백제의 역사를 축소해 한반도에 한정시켰고, 결국 역사 속에서 대륙백제를 완전히 없앰으로써 백제를 한반도 남부의 자그마한 국가로 만들어 버렸다.

그런 까닭에 우리는 백제의 진짜 얼굴을 알 수 없게 되었다. 그나마 중국의 《남제서》, 《송서》, 《수서》 등에 백제의 진면목에 대한 기록이 아주 조금이라도 남아 있어 불행 중 다행이라고 위안을 삼는 정도다.

만약 이 기록들이라도 남아 있지 않았다면, 백제는 영원히 한반도 남부의 별 볼일 없는 작은 나라로 여겨질 것이고, 우리는 백제의 진짜 모습을 전혀 알지 못한 채 그 역사와 문화와 영토를 이야기했을 것이다.

하지만 중국 역사책에 언뜻언뜻 나오는 백제 관련 내용을 모두 참고하더라도 백제 영토 전체를 알아내는 것은 불가능하다. 현재 남아 있는 사료만으로는 백제 사람들이 어떻게 대륙으로 나아갔으며, 어떻게 대륙백제를 넓혀 나갔으며, 어떻게 수백 년 동안 그 땅을 유지할 수 있었는지 제대로 알 수 없기 때문이다.

백제는 우리가 생각하는 것보다 훨씬 거인이다. 따라서 백제사를 쓴다는 것은 키를 알 수 없는 엄청난 거인의 무덤을 발굴하는 일과 같다.

역사학은 모르는 것을 알아내는 작업이 아니며, 없는 것을 지어내는 작업도 아니다. 동시에 역사학은 있는 것을 감추는 작업이 아니며, 모르는 것을 아는 척 하는 작업도 아니다. 어떤 틀을 만들어 두고, 그 틀에 맞게 끼워 맞추는 작업도 아니다. 역사학은 있었던 것에 대해 정직하게 인정하는 작업이다.

지금 백제사에서 가장 필요한 것은 남아 있는 기록에 대해 인정하는 학문적인 태도다. 그래야만 백제라는 거인을 만날 수 있다.

나는 그 거인을 부르기 위한 초대장을 만드는 심정으로 이 책을 썼다. 그런 뜻에서 이 책은 백제 사람들에게 보내는 초대장이라고 할 수 있다.

박영규

차례

제1대 온조왕실록
백제 왕조를 일으킨 온조왕 10

온조왕 가계도 18

❀ 백제사 깊이 읽기
백제의 궁궐은 어디에 있었을까? 20

제2대 다루왕실록
신라와 치열하게 싸운 다루왕 22

다루왕 가계도 26

제3대 기루왕실록
천재지변에 시달린 기루왕 28

기루왕 가계도 32

제4대 개루왕실록
신라와 화친을 깬 개루왕 34

개루왕 가계도 36

제5대 초고왕실록
전쟁으로 나라를
　　위태롭게 한 초고왕 38

초고왕 가계도 42

제6대 구수왕실록
털북숭이 거인 구수왕　44

구수왕 가계도　46

제7대 사반왕실록
모래 반쪽 인생 사반왕　48

사반왕 가계도　50

제8대 고이왕실록
반란을 일으켜 왕이 된 고이왕　52

고이왕 가계도　58

❀ 백제사 깊이 읽기
백제에는 어떤 관직이 있었을까?　60

제9대 책계왕실록
백제와 대방을 동시에 다스린 책계왕　64

책계왕 가계도　66

제10대 분서왕실록
자객에게 암살당한 분서왕　68

분서왕 가계도　70

제11대 비류왕실록
평민으로 지내다가 왕이 된 비류왕　72

비류왕 가계도　76

제12대 계왕실록
베일에 가려진 계왕　78

계왕 가계도　79

제13대 근초고왕실록
백제의 전성기를 이룩한 근초고왕　80

근초고왕 가계도　84

제14대 근구수왕실록
고구려와의 전쟁에 앞장선 근구수왕　86

근구수왕 가계도　88

제15대 침류왕실록
불교를 받아들인 침류왕   90
침류왕 가계도   92

🪷 백제사 깊이 읽기
백제 사람들은 어떤 절을 남겼을까?   94

제16대 진사왕실록
권력을 잃고 왕위에서 쫓겨난 진사왕   98
진사왕 가계도   100

제17대 아신왕실록
고구려에 무릎 꿇은 아신왕   102
아신왕 가계도   108

제18대 전지왕실록
이름뿐인 왕 전지왕   110
전지왕 가계도   114

🪷 백제사 깊이 읽기
백제의 행정 조직은 어떠했을까?   116

제19대 구이신왕실록
권력을 갖지 못한 구이신왕   118
구이신왕 가계도   120

제20대 비유왕실록
주변 나라들과 화친을 맺은 비유왕   122
비유왕 가계도   124

제21대 개로왕실록
비참하게 죽음을 당한 개로왕   126
개로왕 가계도   132

제22대 문주왕실록
귀족 세력에 짓눌린 문주왕   134
문주왕 가계도   136

제23대 삼근왕실록
세 근짜리 어린 왕 삼근왕   138
삼근왕 가계도   140

제24대 동성왕실록
위기에 빠진 백제를
　　　일으켜 세운 동성왕　142

동성왕 가계도　148

❀ 백제사 깊이 읽기
백제가 남긴 성곽에는
　　　어떤 것이 있을까?　150

제25대 무령왕실록
백제를 부흥시킨 무령왕　154

무령왕 가계도　162

❀ 백제사 깊이 읽기
백제 사람은 어떤 무덤에 묻혔을까?　164

제26대 성왕실록
신라에 배신당한 성왕　166

성왕 가계도　176

제27대 위덕왕실록
신라의 위협에서
　　　벗어난 위덕왕　178

위덕왕 가계도　184

제28대 혜왕실록
일흔이 넘어 왕위에 오른 혜왕　186

혜왕 가계도　187

제29대 법왕실록
불교를 부흥시킨 법왕　188

법왕 가계도　190

❀ 백제사 깊이 읽기
백제 사람들이 남긴 불상에는
어떤 것이 있을까?　192

제30대 무왕실록
백제의 마지막
전성기를 일군 무왕　196

무왕 가계도　202

❀ 백제사 깊이 읽기
백제 사람들은 어떤 탑을 남겼을까?　204

제31대 의자왕실록
백제의 마지막 왕 의자왕　206

의자왕 가계도　214

제1대 온조왕실록

백제 왕조를 일으킨 온조왕

온조왕시대의 세계 약사

중국에서는 서한(전한) 왕조가 멸망하고 외척 왕망이 8년에 '신(新)'을 세웠다. 그러자 한 왕조의 후예들이 왕망과 맞섰고 곳곳에서 반란군이 일어나 23년 유수(광무제)가 왕망 군대를 무너뜨리고 동한(후한)을 일으켰다.
서양에서는 로마의 아우구스투스가 기원전 9년에 율리우스력을 개정했으며, 그를 이어받은 티베리우스는 19년에 노예 해방령을 선포했다. 한편 27년부터 예수가 선교 활동을 시작함으로써 서양 사회의 큰 변화를 예고했다.

고구려 땅을 떠나는 비류와 온조

비류와 온조는 고구려의 시조인 주몽의 아들이다. 본래 주몽은 동부여에서 살고 있었는데 동부여의 왕자들이 능력이 뛰어난 주몽을 시기해 죽이려 하자 말을 타고 졸본부여로 도망갔다.

이때 졸본부여는 여러 부족의 연맹으로 이루어져 있었는데, 계루부의 족장인 연타취발은 주몽이 보통 인물이 아님을 알아보았다.

'내가 아들이 없고 딸만 셋 있어 늘 걱정스러웠는데, 주몽을 사위로 삼아 힘을 얻어야겠다.'

이렇게 생각한 연타취발은 주몽에게 둘째 딸 소서노를 시집보냈다. 소서노는 원래 '우태'라는 사람과 결혼해 비류와 온조

두 아들을 얻었다. 그런데 우태가 일찍 세상을 떠나는 바람에 친정으로 돌아와 지내다가 주몽과 결혼하게 된 것이다.

　소서노와 결혼한 주몽은 계루부의 힘을 크게 키워 졸본부여에서 가장 강한 부족으로 만들었다. 연타취발의 뒤를 이어 계루부의 족장이 되었을 뿐만 아니라 다른 부족들까지 아우르는 세력을 이루어 고구려를 세웠다.

　소서노는 주몽이 세력을 키우고 나라를 세우기까지 큰 역할을 해서 주몽의 깊은 사랑을 받았다. 사실 동부여에서 가진 것 없이 도망쳐 온 주몽이 소서노와 계루부의 도움이 없었다면 고구려를 세우지 못했을 것이다. 그래서 주몽은 소서노의 아들인 비류와 온조도 매우 아꼈다.

　그러던 어느 날 주몽에게 유리가 나타났다. 유리는 주몽이 동부여에 있을 때 낳은 아들이었다. 유리가 고구려에 오자 주몽은 유리에게 왕위를 물려주려고 했다.

　"유리를 태자로 삼아 나의 뒤를 잇게 하리라."

　비류와 온조는 주몽의 결정을 듣고 큰 충격에 빠졌다. 자신의 아들이 왕이 되기를 바라던 소서노도 마찬가지였다.

　"왕께서 비류와 온조를 모른 척하고 유리를 왕으로 세우려 하니 이는 나와 계루부를 버리는 것이 아닌가?"

　소서노는 이렇게 탄식하며 비류와 온조를 불러 말했다.

　"너희가 이 나라의 왕자로서 왕위를 잇기 바랐건만 이제 어렵게 되었다. 유리가 왕이 되면 너희를 곱게 놔두지 않을 것이다. 그래서 이 나라를 떠나 새로운 땅으로 가서 터전을 잡으려

하는데 너희들의 생각은 어떠하냐?"

그러자 비류와 온조가 말했다.

"왕께서 유리만 사랑해서 우리를 버리려 하시니 더 이상 이 나라에 미련이 없습니다. 어머니의 뜻대로 새 터전을 찾아 떠나는 것이 좋겠습니다."

기원전 19년 주몽이 세상을 떠나자 유리가 고구려의 왕위에 올랐다. 그러자 비류와 온조는 어머니 소서노를 모시고 고구려를 떠나 망명 길에 올랐다.

백제의 세력을 크게 키운 온조왕

비류와 온조가 나라를 떠날 때 오간, 마려 등 뛰어난 신하 열 명과 많은 백성이 그들을 따랐다. 남쪽으로 내려오던 그들이 처음 다다른 곳은 대방 땅이었다. 이때 대방은 낙랑군[1]의 지배를 받고 있어서 그들의 간섭이 몹시 심했다. 그래서 비류와 온조는 저마다 새로운 땅을 찾기 위해 떠났다.

먼저 온조는 신하 다섯 명과 따라온 백성 가운데 절반을 이끌고 마한 땅으로 갔다.

마한은 54개의 작은 나라로 이루어져 있었는데, 온조는 마한 왕을 찾아가 부탁했다.

"저는 고구려의 왕자로서 이곳에 새로운 터전을 잡고자 하니 왕께서 도움을 주시기 바랍니다."

그러자 마한 왕이 대답했다.

"그대에게 색리국을 내줄 테니 그곳에서 살도록 하시오."

색리국은 마한 54개 나라 가운데 가장 북쪽에 있었다. 북으로는 말갈[2]과 이웃하고 있었으며 동으로는 낙랑국[3]이 있었다. 온조는 말갈, 낙랑국 등과 세력을 다투면서 마한의 작은 나라들을 차례차례 차지하고 백제의 힘을 키웠다.

온조는 색리국에 자리를 잡고 신하들에게 말했다.

"우리가 이곳에 새로운 나라를 세웠으나 북으로는 말갈, 동으로는 낙랑국이 우리를 위협하고 있다. 과인은 을음을 우보(재상)로 삼아 군사를 정비할 것이며 위례성을 쌓아 나라의 위세를

1. 낙랑군
한사군의 낙랑으로 중국 땅에 있던 지명이다. 대개는 낙랑군이라고 부른다. 뒤에 나오는 한반도의 낙랑은 낙랑국으로 불린다.

2. 말갈
만주 북동부에서 한반도 북부에 이르는 지역에 살던 부족으로 완전한 국가를 이루지는 못했다. 속말부, 백돌부, 안차골부, 불열부, 호실부, 흑수부, 백산부의 7부족으로 나뉘어 있었으며, 백제를 위협하던 부족은 백산부였다. 말갈은 4세기 말까지 백제와 치열하게 다투다가 396년 광개토왕에 의해 한반도 지역의 말갈은 고구려에 흡수되고, 일부는 두만강 너머의 흑수 말갈로 흡수되어 한반도에서 점점 세력을 잃었다.

3. 낙랑국
여기에 등장하는 낙랑국은 한반도 북동쪽에 있던 나라로 흔히 우리가 동예라고 부르는 나라와 같은 곳으로 추측된다. 앞에 등장하는 한사군의 낙랑군과는 다르다.

풍납토성

한강변에 남아 있는 백제 초기의 성곽이다. 선사시대부터 삼국시대에 걸쳐 여러 유물이 출토되어 백제 이전부터 사람이 살았던 곳으로 여겨진다.

서울시 송파구 풍납동

드높이고자 한다. 너희는 이 나라를 위해 밤낮으로 힘쓰도록 하라."

그때 비류는 '미추홀'이라는 곳에 터전을 잡고 나라를 세우려고 했다. 바닷가에 있는 미추홀은 땅이 좋지 않아 농사가 잘 되지 않았다.

그에 비해 온조왕은 백성들을 다독여 나라의 기초를 잘 다졌다. 그러자 말갈과 낙랑국이 두려움을 느끼고 백제의 북쪽 국경을 쳐들어왔다.

"말갈 군이 북쪽에서 밀고 내려오고 있습니다."

이 소식을 들은 온조왕은 조금도 당황하지 않았다.

"곧 이런 날이 올 줄 알고 있었다. 당장 군사를 보내 말갈 군을 물리치고 백제의 힘을 보여 주도록 하라!"

온조왕의 명령을 받은 백제 군은 백제가 생긴 이래 첫 번째 전투인 말갈과의 싸움에서 크게 이겼다.

그러자 온조왕은 낙랑국에 사신을 보내며 말했다.

"주변 나라들이 이번 말갈과의 싸움에서 우리의 힘을 보았으니 이제 함부로 우리를 업신여기지 못할 것이다. 이 기회에 낙랑국에 사신을 보내 외교를 맺도록 하라."

그리하여 기원전 15년 8월에 백제와 낙랑국은 외교 관계를 맺었다. 하지만 낙랑국은 갑자기 힘이 커지는 백제를 두려운 마음으로 지켜보았다.

한편 백제와의 첫 번째 싸움에서 진 말갈 왕은 이를 갈았다.

"백제 놈들의 힘이 더 강해지기 전에 쳐부숴야 한다. 그렇지 않으면 우리 말갈이 위태로워질 것이다."

말갈 왕은 곧 3,000명의 군사를 이끌고 백제에 쳐들어왔다. 온조왕은 위례성에 군사를 모아 10일 동안 말갈 군대를 성에서 막아 냈다. 그리고 지쳐서 물러나는 말갈 군을 뒤쫓아 가며 공격해 승리를 거두었다.

하지만 말갈은 계속 쳐들어왔고, 낙랑국도 말갈과 힘을 모아 백제를 공격했다.

백제는 그때마다 이들을 무찔렀으며 온조왕이 직접 군사를 이끌고 적을 물리치기도 했다.

말갈과 낙랑국이 계속 쳐들어오자 온조왕은 이에 대비하기 위해 명령했다.

"적들의 침략이 계속되니 국경에 나무 울타리를 튼튼하게 쳐서 이 땅을 넘보지 못하게 하라."

이렇게 온조왕이 말갈과 낙랑국의 군대를 무찌르며 나날이 국가의 힘을 키우고 있는 동안, 미추홀에 자리 잡은 비류는 점점 어려워졌다. 그래서 결국에는 온조왕을 찾아와 함께 지내고 싶다고 했다.

비류가 자기 땅에 오자 온조왕은 불안했다.

'자칫하면 내가 애써 만들어 놓은 나라를 형에게 빼앗길지도 몰라.'

비류도 온조왕의 마음을 알고 있었다. 그래서 고민하던 끝에 그만 우울한 마음을 이기지 못하고 스스로 목숨을 끊었다.

그 무렵 온조왕의 어머니 소서노도 죽음을 맞이했다. 소서노가 왜 죽었는지는 분명하게 밝혀져 있지 않다. 기원전 6년 소서노의 나이가 61세 되던 때였다.

온조왕은 갑작스레 어머니와 형을 모두 잃자 큰 슬픔에 빠졌다. 게다가 낙랑과 말갈이 공격할 틈을 노리고 있었다.

그래서 온조왕은 이렇게 말했다.

"요즘 세상 분위기가 좋지 않고 어머니도 돌아가셨으며, 적군의 움직임도 예사롭지 않다. 그러니 한강 남쪽으로 도읍을 옮겨 나라의 기초를 다시 다져야겠다."

온조왕은 처음 도읍을 세웠던 위례성을 버리고 한강 남쪽으로 내려가 새로운 도읍을 세웠다. 그 새로운 도읍지가 한성이다.

초두

술, 음식, 약 등을 끓이거나 데우는 데 쓰던 그릇의 하나로, 풍납토성에서 발굴되었다.

국립중앙박물관 소장

온조왕은 한성으로 옮겨 온 뒤 나라를 다스리는 일에 모든 힘을 아끼지 않았다. 덕분에 날로 나라의 힘이 튼튼해졌고 영토도 늘어났다.

온조왕은 4년에 석두와 고목에 성을 쌓고, 2년 뒤에는 남쪽 국경을 확정 지으려고 웅천에 나무 울타리를 세웠다.

그러자 마한의 왕이 크게 화를 냈다.

"온조가 북쪽에서 내려와 터전을 달라고 부탁해서 색리국을 내주었더니, 이제는 웅천에 울타리를 치고 나와 맞서려 하는 것이 아니냐? 은혜를 원수로 갚는 짓을 어찌 두고만 볼 것인가? 백제에 사람을 보내 당장 웅천의 울타리를 걷어치우게 해라."

마한 왕이 강하게 반발하자 온조왕은 웅천의 나무 울타리를 치울 수밖에 없었다.

그러나 온조왕은 이때 다짐했다.

'어차피 이 세상에 두 명의 왕이 있을 수 없는 법이다. 마한을 무너뜨리고 백제가 온 세상을 지배하리라.'

온조왕이 이렇게 마음먹은 것은 무리한 일도 아니었다. 사실 마한은 작은 나라들의 연합으로 이루어져 있었기 때문에 강한 군사력을 가지고 있지 않았다. 또한 백제, 신라, 변한 등의 세력이 커지면서 날로 힘이 약해지고 있었다.

그래서 온조왕은 기회를 노려 마한을 차지하기로 계획을 세웠다. 그 계획을 이룰 날이 곧 찾아왔다.

"사냥을 핑계 삼아 군사를 마한 지역으로 옮기도록 하라. 그

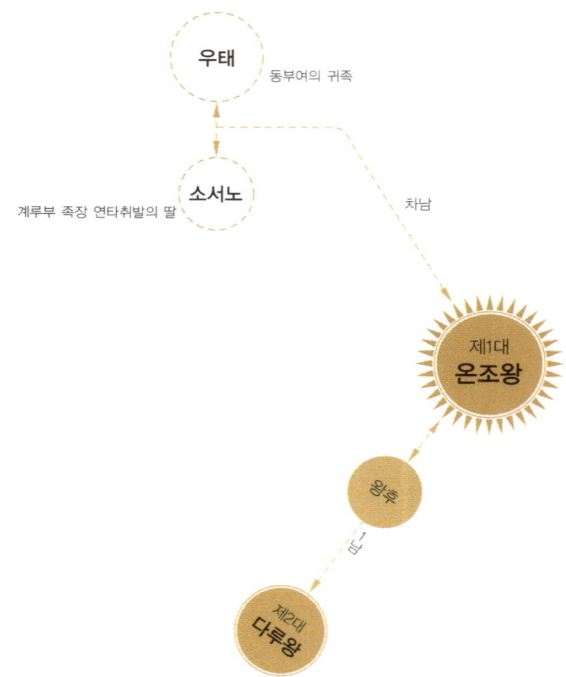

온조왕묘 숭렬전

온조왕의 위패를 모시기 위해 조선시대 때 만든 사당이다. 현재 남한산성 안에 있다.

경기도 광주시 중부면

리고 번개처럼 마한을 공격해라!"

8년 10월, 온조왕의 명령을 받은 백제 군은 마한의 궁성을 쳐들어갔다. 갑작스런 공격을 받은 마한은 제대로 싸워 보지도 못하고 무너졌다. 원산과 금현 두 성을 빼고 모두 백제에 무릎 꿇었으며, 9년 2월에는 원산과 금현도 백제에 항복했다.

이로써 온조왕은 백제의 영토를 크게 넓혔으니 이때부터 백제는 한반도의 강대국으로 역사 무대에 나타나게 되었다.

그 뒤 온조왕은 계속 쳐들어오는 말갈을 막아 내고 행정 제도를 정비하며 나라의 기틀을 튼튼하게 세우는 데 힘쓰다가 28년 2월에 세상을 떠났다.

백제사 깊이 읽기

백제의 궁궐은 어디에 있었을까?

　백제의 궁궐은 위례성, 한성, 웅진성, 사비성, 이렇게 네 곳에 만들어졌습니다. 위례성의 위치는 정확하게 밝혀지지 않았지만 아차산성 주변이었을 것으로 보입니다.

　한성에는 두 개 이상의 궁성이 있었던 것으로 보이며, 풍납토성과 몽촌토성이 모두 백제 한성 시대의 궁성이었습니다.

　그러나 이 두 성의 구체적인 모습은 아직 제대로 밝혀지지 않았고, 일부 역사학자들은 두 성 가운데 하나가 위례성이라고 주장하고 있습니다. 한성에 비해 웅진성과 사비성은 원형이 잘 보존된 편이며 유적과 유물도 풍부하지요.

　일부 학자들은 《삼국사기》의 '하남 위례성'이란 기록을 근거로 삼아 한강 남쪽에 위례성이 있었다고 주장합니다. 하지만 《삼국사기》에는 위례성이 한성 동북쪽에 있었다는 기록이 있고, 한성을 위례성이라고 기록한 적이 없어 한성을 하남 위례성으로 보는 데는 무리가 있습니다.

　따라서 이 책에서는 온조가 세운 한성을 풍납토성으로 보고, 그 강 건너 동북쪽 땅인 아차산성 주변을 하남 위례성으로 여긴 것입니다. 하지만 이에 대해서는 앞으로 많은 연구와 발굴이 필요합니다.

　장수왕이 한성을 손에 넣을 때 고구려 군은 먼저 북성을 치고 이어 남성을 쳤다고 했는데, 북성은 풍납토성을, 남성은 몽촌토성을 가리키는 것으로 보입니다.

　일부 학자들은 북성을 북한산성, 남성을 남한산성으로 보는데, 이것 또한 문제가 있습니다. 당시 고구려 군은 북성을 공격한 지 7일 만에 무너뜨렸고, 곧바로 남성으로 나아가 개로왕과 왕실 혈족을 사로잡았습니다. 그런데 만약 북성이 북한산성이라면 한강이 가로놓인 남성을 곧바로 공격한다는 것은 상식적으로 불가능하지요.

개로왕이 전쟁터에서 목숨을 잃은 뒤 그의 아우 문주가 도읍을 옮겨 터를 잡은 곳이 웅진성입니다. 지금의 공주 땅인 이곳은 전략적으로 아주 중요한 곳이자 산과 강이 잘 어우러져 왕성을 세울 땅으로 손색이 없었지요.

475년 백제의 도읍이 된 웅진성에는 성왕이 538년 사비로 도읍을 옮길 때까지 63년 동안 궁성이 있었으며, 사비로 옮긴 뒤에도 군사적으로 중요한 곳으로 여겨져 방성(지방 행정구역 단위인 방에 있던 성)이 세워지고 방령(행정을 맡아보던 벼슬)이 머물렀습니다. 백제가 몰락할 때 의자왕은 사비성이 무너질 위기에 놓이자 태자와 혈족을 이끌고 웅진성으로 몸을 피하기도 했지요.

백제의 마지막 도읍인 사비성은 지금의 충청남도 부여군 부여읍 일대에 만들어졌습니다.

웅진성이나 한성과 마찬가지로 사비성 역시 강물이 곡선을 그리며 북쪽으로 끌어안은 듯이 돌아가는 평평한 땅에 세워졌습니다. 위례성 이후 백제의 도읍이 한결같이 북쪽으로 강을 끼고 있었던 것은 북방의 고구려나 말갈의 침입에 대비하기 위해서였을 것입니다.

이렇듯 백제는 한반도 땅에 네 개의 도읍을 세웠지만 그 가운데 어느 것도 원형이 보존되어 있지 않습니다. 심지어 웅진성이나 사비성조차 원래 모습이 어떠했는지 정확하게 알 수 없답니다.

제2대 다루왕실록

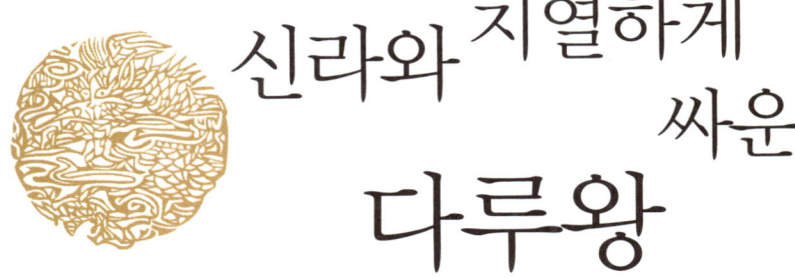

신라와 치열하게 싸운 다루왕

다루왕시대의 세계 약사

중국은 동한의 광무제와 명제 시대에 해당하며, 국가의 안정을 바탕으로 문화적 토대가 마련되었다. 왜에서는 동한에 우호 사절단을 보냈고, 광무제는 이에 대한 보답으로 인장을 선물했다.
서양에서는 기독교가 전파되기 시작하고 예수가 십자가형을 당해 죽었다. 《신약성서》가 만들어져 기독교는 새로운 전환기를 맞이했다. 로마의 네로 황제는 기독교를 믿는 사람들을 박해하고, 로마에 불을 지르는 등 갖가지 나쁜 짓을 일삼다가 내란이 일어나자 스스로 목숨을 끊었다.

말갈의 침입과 다루왕의 영토 확장

다루왕은 온조왕의 맏아들로 28년 2월 온조왕이 세상을 떠나자 백제 제2대 왕에 올랐다. 다루왕은 마한을 무너뜨린 온조왕에 이어 백제의 영토를 넓히는 데 힘을 쏟았다.

그는 신하들을 불러 물었다.

"이제 마한이 무너지고 곳곳에서 세력을 넓히기 위해 날뛰는 무리들이 넘쳐나고 있다. 지금 상황이 어떠한지 말해 보도록 하라."

그러자 신하들이 앞 다퉈 대답했다.

"선왕(온조왕)께서 마한을 무너뜨리고 백제의 힘을 온 세상에 떨쳤습니다. 하지만 마한의 나머지 세력들이 여전히 버티고 있으니 이를 무시할 수 없습니다."

"그렇습니다. 또한 마한이 무너진 틈을 타고 북쪽에서는 말갈이, 동쪽과 남쪽에서는 신라와 가야가 영토를 넓힐 기회를 엿보고 있습니다. 먼저 백제를 넘보는 말갈을 물리치고 마한의 나머지 세력을 모두 정리해야 할 것입니다."

신하들의 말대로 백제 주변의 모든 세력은 마한이 멸망한 틈을 타서 힘을 키우려 하고 있었다. 특히 말갈은 백제를 직접 공격하려는 가장 큰 위협 세력이었다.

"말갈 군이 동부 지역을 쳐들어왔습니다!"

30년 10월 말갈 군이 쳐들어오자 다루왕은 장수 흘우에게 명령했다.

"장수 흘우는 전쟁터로 나아가 말갈 군을 물리치도록 하라."

명령을 받고 나간 흘우는 말갈 군을 크게 무찔러 그들이 남쪽으로 내려오려는 것을 막았다.

하지만 말갈은 이듬해 8월, 또한 34년 9월에도 계속 백제에 쳐들어왔다. 특히 34년에 말갈은 백제의 마수성을 무너뜨리고 마을의 집들을 불태웠다. 또한 그해 10월에는 병산에 세운 나무 울타리를 무너뜨리고 쳐들어왔으며 55년에는 백제의 도성까지 위협했다.

"말갈이 계속 쳐들어오니 나라에 걱정이 끊이지 않는구나. 말갈 군이 더 이상 내려오지 못하도록 우곡에 성을 쌓아 막도록 하라. 또한 백성들이 마음 놓고 살 수 있는 남쪽과 동쪽으로 영토를 넓히도록 하라."

말갈이 계속 쳐들어오자 다루왕은 북쪽을 막되 남쪽과 동쪽으로 영토를 넓히자는 계획을 세웠다. 그 결과 백제는 63년 10월에 마한의 저항 세력을 물리치고 영토를 낭자곡성(지금의 충청북도 청주 지역)까지 넓혔다.

이제 백제의 영토는 신라와 맞닿게 되었다. 이때부터 백제와 신라는 치열한 다툼을 벌이기 시작했다.

신라와 백제의 치열한 다툼

"마한 장수 맹소가 신라에 복암성을 바치고 항복했습니다."

61년에 다루왕은 이 소식을 듣고 매우 안타까워했다.

"마한 세력을 다 무너뜨렸는가 싶더니 저들이 신라에 붙어서 성을 바치고 말았구나. 재주는 우리가 부리고 땅은 신라가 차지한 게 아니냐?"

그러자 신하들이 말했다.

"우리가 마한을 무너뜨렸으니 마한의 땅도 우리 것입니다. 지금 신라 왕에게 사신을 보내 우리의 뜻을 전하고 땅을 돌려받아야 합니다."

그러자 다루왕이 고개를 끄덕였다.

"그렇지. 신라는 복암성을 차지할 명분이 없다. 괜히 그 땅을 꿀꺽 삼켰다가 우리와 등을 질 것을 두려워할 테니, 지금 당장 사람을 보내 영토 문제를 의논하자고 전하거라."

하지만 신라의 탈해왕¹은 다루왕의 말을 무시하고 한마디의 의논도 하지 않았다.

다루왕은 화가 머리끝까지 치솟았다.

"신라 왕은 예의와 양심이 없는 자가 아니냐? 이는 우리를 깔보는 것이니 절대로 그냥 넘어갈 수 없다. 군사를 보내 신라를 공격하도록 하라."

백제는 64년에 군사를 동원해 신라의 와산성을 공격했다. 이로써 백제와 신라는 수백 년 동안 싸움을 벌이게 된다.

"와산성의 신라 군이 강력하게 버티는 바람에 무너뜨리지 못했습니다."

다루왕은 다시 명령을 내렸다.

1. **탈해왕** (?~80)
신라의 제4대 왕(재위 기간 57~80)으로 일본과 화친하면서 백제, 가야와 자주 싸움을 벌였다.

백제사 이야기

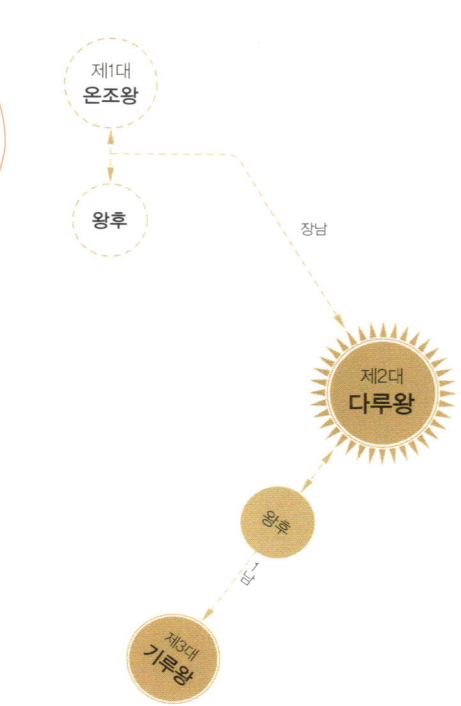

"와산성이 어렵다면 구양성을 공격하라."

하지만 이 싸움에서도 백제 군은 2,000명의 신라 군사에게 크게 졌다. 마한을 무너뜨리고 승승장구해 온 백제로서는 뼈아픈 패배였다.

"내가 신라를 얕본 것인가? 그렇다면 병력을 총집중해 공격할 것이다. 모든 군사들은 와산성 한 곳을 공격해 반드시 무너뜨리도록 하라."

이리하여 와산성을 놓고 백제와 신라는 치열한 다툼을 벌이게 되었다. 66년에 백제 군은 마침내 와산성을 점령했으나 얼마 뒤 다시 신라에게 빼앗겼다. 다루왕은 74년과 75년에 끈질기게 신라를 공격해 와산성을 무너뜨렸으나 76년에 다시 신라에게 빼앗겼다. 이때 와산성을 지키던 백제 군사 200명은 모두 목숨을 잃었다.

이처럼 다루왕은 와산성을 빼앗기 위해 신라와 무려 10년 동안이나 전쟁을 벌였다. 하지만 신라의 강력한 저항에 밀려 실패하고 말았다.

'내가 10년 동안 공들여 신라를 공격했건만 결국 뜻을 이루지 못했구나. 앞으로 신라가 우리나라에 근심을 안겨 줄 것이 걱정이로다.'

다루왕은 이렇게 걱정하다가 신라에게 와산성을 빼앗긴 지 1년 만에 세상을 떠났다.

비록 다루왕은 신라와 10년 동안 벌인 전쟁에서 졌지만 50년 동안 왕위에 머무르면서 많은 일을 했다.

37년에 좌보, 우보라는 두 명의 재상을 두어 나라를 다스리는 제도를 자리 잡게 했으니 이는 백제가 더욱 안정된 나라가 되었음을 뜻한다. 또한 쌀농사를 널리 퍼뜨려 경제를 크게 발전시켰다.

다루왕의 능에 대한 기록은 남아 있지 않고 묘호(왕이 세상을 떠난 뒤 붙이는 이름)는 '다루'다. 백제 왕의 묘호는 다루, 기루, 개루 등으로 이어지면서 '루' 자를 쓰는데, 이는 왕을 뜻하는 마한의 말인 듯하다.

제3대 기루왕실록

천재지변에 시달린 기루왕

기루왕시대의 세계 약사

중국에서는 후한의 반고가 서기 80년 서역을 평정하고 87년에 50여 나라를 복속시켰으며, 90년에는 인도의 쿠샨 왕조를 크게 무찌르고 조공 약속을 얻어 냈다. 반고는 97년 로마에 사신을 보냄으로써 로마와 후한 사이에 교역이 이뤄졌다. 이즈음 채륜이 종이를 만드는 데 성공했다.
서양의 로마에서는 기독교에 대한 박해가 시작됐고, 역사가 타키투스와 철학자 플루타르크가 활약하고 있었다. 로마의 번영을 이룬 하드리아누스 황제가 즉위(117년)한 시절이기도 하다.

안정된 정치를 펼친 기루왕

기루왕은 다루왕의 맏아들로, 다루왕이 50년 동안 왕위에 머무르는 바람에 태자 신세로 44년을 보냈다. 77년 왕위에 올랐을 때 그는 이미 40대 중반의 나이였다. 태자 시절부터 정치 활동을 하다가 나이가 많이 들어 왕위에 올랐기 때문에 기루왕은 조정을 쉽게 손에 넣고 안정된 정치를 펼칠 수 있었다.

다루왕이 수많은 전쟁을 치른 것을 지켜본 기루왕은 함부로 전쟁을 벌이지 않았다.

"오랜 전쟁으로 나라의 근심이 커지고 백성들의 삶이 어려워질 수 있으니 전쟁을 피하고 나라를 안정케 하라."

이런 명령을 내린 기루왕은 실제로 52년 동안 왕위에 머무르면서 85년에 신라를 단 한 번 공격했고 108년 우곡성에 쳐들어온 말갈에 맞서 방어 전쟁을 벌였을 뿐 영토 전쟁을 거의 벌이지 않았다.

그리고 왕위에 오른 지 29년이 되는 105년에는 신라에 사신을 보내 화친을 요청했다.

"지금 신라는 가야와 다툼을 벌이고 있으니 우리와 맞서기 힘들 것이다. 이러한 때 신라와 화친을 맺어 나라의 걱정을 덜도록 하라."

기루왕의 말대로 신라는 이때 주변의 작은 나라들을 정벌하기 위해 가야와 치열한 경쟁을 하고 있었기 때문에 백제와 맞서기 힘들었다. 신라의 파사왕¹은 기루왕이 화친을 제안하자 기꺼이 받아들였다.

두 나라는 화친을 맺은 뒤 서로 싸우지 않고 평화롭게 지냈을 뿐만 아니라 위험이 닥쳤을 때 도와주는 관계로까지 발전했다.

125년 기루왕은 다급하게 달려온 신라 사신을 맞이했다.

"지금 신라에 말갈이 쳐들어와 괴로움을 당하고 있으니 도와주시기 바랍니다."

그러자 기루왕이 대답했다.

"말갈은 백제에게도 위협이 되는 세력이다. 신라를 도와 말갈을 물리치면 우리나라에게도 이익이 될 것이니 당장 군사를 보내도록 하라."

그리하여 백제의 다섯 장수가 군사를 이끌고 나가 말갈 군을

---

1. 파사왕 (?~112)

신라의 제5대 왕(재위 기간 80~112)으로, 음집벌국을 정벌하고 여러 나라를 병합해 나라의 힘을 키웠다.

몰아내는 데 성공했다. 이로써 신라와 백제의 관계는 더욱 좋아졌으며 두 나라 모두 마음 놓고 나라를 다스릴 수 있었다.

이렇듯 기루왕 시절에는 전쟁이 거의 없었지만 여러 차례에 걸쳐 자연재해가 닥치는 바람에 백성들이 어려움을 겪었다.

나라를 뒤흔든 천재지변

"지진이 나서 땅이 갈라지고 집이 무너져 수많은 사람들이 죽었습니다."

왕위에 오른 지 13년째 되던 해인 89년에 기루왕은 지진이 일어났다는 소식을 들었다.

"전쟁이 일어나지 않고 평화로운 이때 지진이 닥쳐 나를 괴롭히는구나."

하지만 나쁜 소식은 이것으로 그치지 않았다.

"봄 가뭄이 들어 보리에 싹이 나지 않습니다."

"태풍이 불어 나무가 뽑혀 나가고 백성들의 집이 다 무너졌습니다."

지진이 일어난 이듬해에는 가뭄과 태풍이 닥쳤다.

93년에는 횡악에서 커다란 바위가 다섯 개나 굴러 떨어져 마을을 덮쳤으며, 99년 8월에는 때 아닌 서리가 내려 농사를 망쳐 놓았다. 두 달 뒤인 10월에는 우박이 내려 또 한 차례 농작물에 피해를 입었다.

백제의 시련은 이것으로 끝나지 않았다.

"흉년이 들어 나라 안에 먹을 것이 없어 백성들이 굶주리고 있습니다. 굶주린 백성들이 서로 잡아먹는 일까지 있다고 합니다."

108년에 든 흉년으로 기루왕은 시름을 놓을 수 없었다. 게다가 111년에 또다시 지진이 두 번 일어났으며, 116년에는 한강 물이 크게 불어 홍수가 나 기루왕의 시름은 더욱 깊어졌다.

이렇듯 기루왕은 왕위에 있는 동안 천재지변에 시달렸다. 사실 주변 나라들과 전쟁을 벌이지 않은 것도 나라에 천재지변이 들어 여유가 없었던 탓도 있었다.

백제사 이야기

기루왕은 정치와 외교에서는 안정과 평화를 이루었지만 계속된 천재지변으로 고생하다가 128년 11월 100세에 가까운 나이로 세상을 떠났다.

《삼국사기》[2]에는 기루왕에 대해 다음과 같이 쓰여 있다.

'아는 것이 넓고 원대해 사소한 일에 마음을 두지 않았다.'

이는 기루왕의 성격이 인자하고 학문에 뛰어났다는 뜻이다.

2. 《삼국사기》
고려 인종 때 김부식 등이 왕의 명령으로 펴낸 고구려, 백제, 신라의 역사책이다.

제4대 개루왕실록

신라와 화친을 깬 개루왕

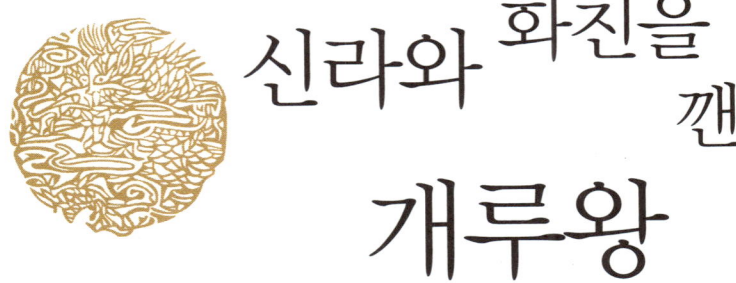

반역자를 받아들인 개루왕

개루왕은 기루왕의 아들로 128년 11월 기루왕이 세상을 떠나자 왕위에 올랐다. 《삼국사기》에는 개루왕에 대한 기록이 거의 없어 그가 어떤 사람이었는지, 어떤 일을 했는지 자세히 알기 어렵다. 다만 한 가지 돋보이는 기록은 개루왕 시대에 이르러 백제와 신라 사이에 맺어졌던 화친이 깨졌다는 점이다.

개루왕 38년 1월에 신라의 아찬 길선[1]은 반란을 일으키려다 들켜 죽음을 당할 처지에 이르렀다.

'차라리 백제로 달아나서 목숨을 지켜야겠다.'

길선은 이렇게 마음먹고 위기의 순간에 백제로 달아났다.

"신라의 아찬 길선이 백제의 품에 안기고자 하오니 어찌하면

개루왕시대의 세계 약사

중국에서는 후한이 정치적으로 몹시 혼란스런 시기였다. 황제 자리를 놓고 치열한 다툼이 벌어져 충제, 질제 등이 죽음을 당하고 환제의 어머니 양태후가 나라를 다스리는 등 황실은 점점 힘을 잃었다. 그런 가운데 흉노족과 선비족이 쳐들어왔고, 나라 곳곳에 도둑이 들끓었다.
서양의 로마에서는 황제 안토니누스 피우스가 기독교 보호령을 내렸다. 하지만 그 뒤 마르쿠스 아우렐리우스와 루키우스 베루스가 함께 황제 자리에 올라 정치적인 혼란을 겪었다.

좋겠습니까?"

신하의 보고를 받은 개루왕이 말했다.

"옛날부터 품 안에 날아든 새는 죽이거나 쫓아내지 않는다고 했다. 길선을 받아들여 보호하도록 하라."

개루왕이 길선을 받아들였다는 것은 백제와 신라의 관계가 예전 같지 않다는 것을 말해 준다. 백제는 기루왕 29년에 신라와 화친을 맺은 뒤 서로 사신을 주고받았고, 외적이 쳐들어왔을 때는 지원군까지 보내 주는 사이였다.

하지만 개루왕이 왕위에 오른 뒤로 두 나라가 사신을 주고받은 기록이 없으니, 이는 신라와 개루왕의 사이가 좋지 않았음을 뜻한다.

한편 백제가 반란을 일으키려 한 길선을 받아들이자 신라의 아달라왕[2]은 크게 분노했다.

"백제가 길선을 받아들인 것은 곧 나를 우롱하는 것이 아니냐? 당장 군사를 동원해 백제를 공격하도록 하라!"

그리하여 신라 군은 백제를 공격했고

1. **길선** (?~?)
신라의 대신으로 아찬 벼슬을 지냈다. 165년 신라에서 반란을 일으키려다 들켜 백제로 도망갔는데, 이 때문에 백제와 신라의 사이가 나빠졌다.

2. **아달라왕** (?~184)
신라의 제8대 왕(재위 기간 154~184)으로, 도로를 세우는 등 나라 살림을 꾸려 나가는 데 힘썼다.

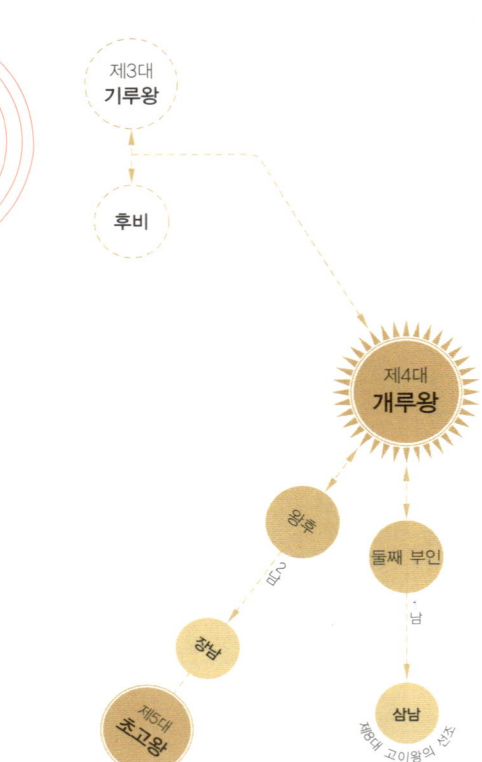

이로써 수십 년 동안 이어져 온 두 나라 사이의 평화는 완전히 깨졌다. 개루왕은 길선을 받아들일 때부터 사태가 이렇게 될 것을 짐작하고 있었다.

"신라 군이 쳐들어오더라도 맞서 싸우지 말고 성문을 굳게 걸어 잠근 뒤 막는 데만 힘쓰도록 하라."

개루왕은 신라와 군이 큰 싸움을 벌이지 않고 신라 군의 공격만 막아 내려 했다. 이는 개루왕이 신라와 전쟁을 벌일 생각으로 길선을 받아들인 것은 아니었음을 뜻한다. 정확한 기록이 없어 알 수 없으나 개루왕은 이미 신라에 앙심을 품고 있었으며 길선을 받아들임으로써 신라와의 화친 관계를 끝내려 한 것으로 짐작할 수 있다.

개루왕의 행동은 이후 백제와 신라 사이에 다시 치열한 다툼이 벌어질 것을 예고했다. 실제로 개루왕에 이어 왕위에 오른 초고왕은 신라를 공격해 영토를 넓히는 일에 적극 나선다.

개루왕이 한 일 가운데 또 하나 눈여겨볼 것은 북한산성을 쌓은 것이다.

"북한산에 산성을 쌓아 말갈이 내려오지 못하도록 하라."

132년에 지어진 북한산성은 이렇듯 처음에는 말갈을 막기 위한 것이었다. 하지만 뒷날 근초고왕이 백제의 전성기를 이끌면서 북쪽으로 나아갈 때 이 북한산성을 발판으로 삼았다.

또한 475년에는 고구려의 장수왕[3]이 이끄는 군대와 백제 군이 전쟁을 벌였는데, 이때 장수왕은 북한산성을 무너뜨려 백제의 도성을 점령할 수 있었다. 북한산성은 한마디로 백제의 운명을 결정짓는 중요한 요새인 셈이었다.

북한산성을 쌓고 신라와의 화친을 직접 깨 버린 개루왕의 행동은 이후 백제가 나라의 힘을 더 넓게 뻗쳐 영토를 차지하기 위한 전쟁에 적극 뛰어들 기반을 마련했다고 할 수 있다.

개루왕은 166년까지 약 38년 동안 왕위에 머무르다 세상을 떠났으며 능과 가족에 대한 기록은 남아 있지 않다. 왕위는 아들 초고왕에게 물려주었다.

3. 장수왕 (394~491)

고구려 제20대 왕(재위 기간 413~491)이다. 광개토왕의 맏아들로 백제의 한성을 점령했으며 고구려 최대의 영토를 개척했다.

제5대 초고왕실록

전쟁으로 나라를 위태롭게 한 초고왕

초고왕시대의 세계 약사

중국은 후한 말기로 환관이 권력을 쥐고 있었다. 168년에는 진번이 환관을 죽이려다 죽음을 당했고, 곳곳에서 황건적이 들고일어났다. 황건적을 물리치기 위해 전국에서 조조, 유비, 동탁, 손권 같은 군벌이 일어나면서 삼국시대의 막이 올랐다.
로마에서는 167년에 동방 원정군이 페스트에 걸려 돌아오자 동방에서 들어온 기독교에 대해 탄압이 시작되었다. 192년에는 마르쿠스 아우렐리우스에 이어 황제에 오른 콤모두스가 나르키소스에게 죽음을 당하고, 네 명의 황제가 들어서면서 '군인 황제 시대'로 접어들었다.

신라를 공격해 영토를 넓히려 한 초고왕

초고왕은 개루왕의 아들로 166년에 개루왕이 세상을 떠나자 왕위에 올랐다. 당시 백제는 개루왕이 신라에서 반란을 일으키려다 도망쳐 온 길선을 받아들인 뒤로 신라와 사이가 좋지 않았다.

초고왕은 왕위에 오른 지 2년째 되는 해 7월에 신하들을 불러 모아 말했다.

"지난날 신라는 백제의 뜻에 도전해 우리를 공격한 적이 있다. 과인은 무서운 것 없이 감히 날뛰는 신라를 치고 백제의 세력을 온 세상에 떨치고자 하니 군사를 보내 신라를 공격하라."

백제 군은 신라 서쪽 국경을 쳐들어가 신라 성 두 개를 크게 무찌르고 백성 1,000여 명을 포로로 잡아 오는 데 성공했다. 신라의 아달라왕은 백제의 침입을 받고 가만있지 않았다.

"일길찬 흥선은 군사 2만 명을 이끌고 승냥이 같은 백제 놈들을 싹 쓸어 버리도록 하라. 과인도 직접 군사 8,000명을 이끌고 전쟁터로 나가리라."

당시 신라는 경상도 지방에 자리 잡은 작은 나라였다. 그런 신라가 2만 8,000명이나 되는 군사를 동원했다는 것은 온 나라에서 싸울 수 있는 남자를 죄다 끌어 모았다는 뜻이다. 아달라왕은 그만큼 백제에 분노했던 것이다.

"신라 군이 2만 8,000명의 군사를 이끌고 쳐들어오고 있습니다."

"신라 왕이 직접 군사 8,000명을 이끌고 한강까지 밀고 왔습니다."

이 소식을 들은 초고왕은 깜짝 놀랐다.

"아니, 신라에 그렇게 많은 군사가 있었단 말인가? 저들이 한강을 넘으면 바로 도성까지 이를 수 있으니 큰일이 아닌가?"

초고왕은 신라 군의 기세에 겁먹고 포로로 붙잡아 온 백성을 돌려주고, 빼앗은 두 성도 내놓으며 화친을 하자고 했다.

그러자 신라의 아달라왕은 신하들을 불러 모아 놓고 물었다.

"백제 왕이 화친을 하자고 하는데, 어찌해야 하겠는가?"

그러자 신하들이 대답했다.

"어차피 백성들도 돌려받았고 빼앗겼던 성도 찾았으니 우리의 목적은 이루지 않았나 싶습니다."

"그렇습니다. 한강을 건너 백제를 치는 것은 무리한 일이니 이쯤에서 못 이기는 척 화친을 받아 주는 것이 좋을 듯합니다."

신하들의 말대로 백제의 도성을 공격하려면 한강을 건너야 했는데, 이것은 보통 일이 아니었다. 그래서 아달라왕은 백제와 화친을 맺고 전쟁을 그만두었다.

애걸하다시피 해서 겨우 화친을 맺고 신라의 총공격을 피한 초고왕은 이 일로 크게 자존심이 상했다.

'오늘의 수치를 결코 잊지 않겠다. 반드시 신라를 쳐부수고 백제의 기세를 온 세상에 떨치리라.'

이렇게 마음먹은 초고왕은 3년 뒤인 170년에 다시 한 번 신라를 공격했다. 하지만 이때도 성과를 거두지 못했다. 그 뒤 다시 힘을 모아 188년에 신라의 모산성을 야심차게 공격했다. 하지만 신라 장수 구도에게 져서 군사 500명을 잃고 후퇴했다.

"구도가 이끄는 신라 군을 결코 얕잡아 보아서는 안 되겠다. 속임수를 써서 구도의 군사들을 무찌르도록 하라."

초고왕은 190년 8월에 다시 명령을 내려 신라의 원산향을 공격하게 했다. 이때도 신라 장수 구도가 500

명의 군사를 이끌고 나와 맞섰다.

"구도 장군이 나타났다! 달아나자."

"구도의 군대에게는 당할 수 없으니 모두 후퇴하라!"

백제 군이 이렇게 외치며 겁먹은 듯 달아나자 구도는 크게 웃으며 소리쳤다.

"변변한 실력도 없이 신라를 넘보는 백제 군을 끝까지 쫓아가서 무찔러라."

하지만 그것은 백제 군의 속임수였다. 백제 군은 일부러 도망쳐서 구도의 군대를 깊숙이 끌어들였고 마침내 와산에서 구도의 군사들을 에워싸 크게 무찔렀다.

그 뒤부터 백제와 신라는 팽팽하게 힘 대결을 벌였다. 초고왕은 199년 7월과 204년 7월에 신라를 공격해 요차성의 성주 설부를 죽였다.

그러자 신라의 내해왕¹이 왕자 이음에게 군대를 주고 백제의 사현성을 공격하게 했다. 하지만 승부는 쉽게 나지 않았고 싸움은 지루하게 계속되었다.

1. 내해왕 (?~230)
신라의 제10대 왕(재위 기간 195~230)으로 여러 차례 쳐들어온 백제를 물리쳤다.

말갈과의 전쟁과 초고왕의 죽음

신라와 백제가 치열하게 다투고 있는 사이 북쪽에서는 말갈이 호시탐탐 남쪽으로 내려올 기회를 엿보고 있었다.

'신라가 나날이 힘을 키워 이제는 북쪽으로 밀고 올라오고

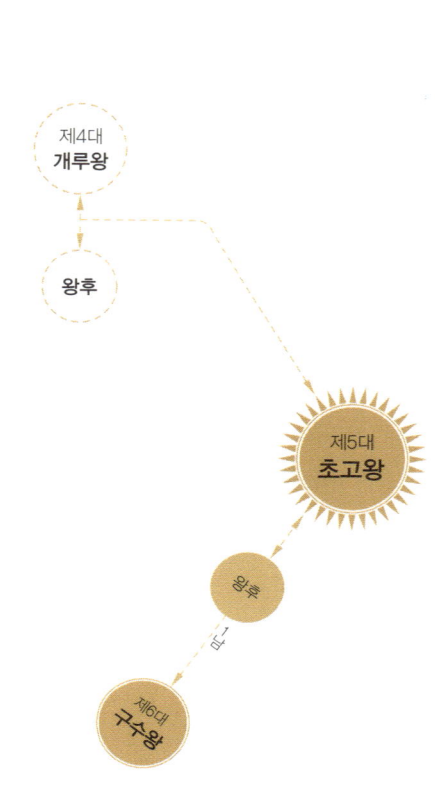

있으니 우리가 먼저 신라를 공격해야겠다. 백제와 신라는 서로 다투느라 정신이 없으니 우리가 차례로 무찌르면 될 것이다.'

말갈은 이렇게 생각하고 203년에 신라부터 공격했다. 또한 백제의 국경에서도 계속 위협했다.

"말갈의 위협이 심상치 않으니 대책을 세워야 합니다."

초고왕은 신하의 말에 고개를 끄덕였다.

"말갈 군에 맞설 수 있도록 적현과 사도에 성을 쌓아 올려라. 또한 백성을 그곳으로 옮겨 말갈의 침입에 대비하라."

210년 10월 초고왕은 적현성과 사도성을 쌓게 했는데, 바로 한 달 뒤 말갈이 사도성 쪽으로 쳐들어왔다. 백제는 미리 지어 둔 사도성을 방패로 삼아 말갈 군을 손쉽게 막아 냈다.

 "말갈 군이 사도성을 뚫지 못하고 쫓겨 갔습니다."

 초고왕은 아주 기뻐하며 더 큰 욕심을 냈다.

 "장수 진과는 군사 1,000명을 이끌고 가서 말갈의 석문성을 빼앗아 오도록 하라. 그리하여 저들이 날뛰지 못하도록 겁을 주고 영토를 넓히도록 하라."

 진과는 석문성을 빼앗아 오는 데 성공했지만 이는 초고왕의 무리한 욕심이었다. 신라와 치열한 다툼을 벌이고 있던 백제가 말갈과 큰 전쟁을 벌일 여유가 없었던 것이다. 결국 말갈 군의 반격에 백제는 커다란 위기에 빠졌다.

 "말갈 군이 우술천까지 밀고 내려왔습니다."

 초고왕은 무서운 기세로 반격해 오는 말갈 군을 보면서 자신의 결정을 후회했다.

 "아, 내가 욕심을 부린 게로구나. 괜히 두 곳에서 전쟁을 벌여 나라에 불안을 가져왔구나."

 불행히도 초고왕은 말갈이 밀고 내려오는 위기의 순간에 세상을 뜨고 말았다. 초고왕은 전쟁을 벌여 영토를 넓히려고 했지만 모두 실패하고 오히려 신라와 말갈을 상대로 동시에 싸움을 벌여 백제를 어려운 처지에 빠뜨렸다. 그리하여 그의 아들 구수왕 시대에 이르러서는 숱한 전쟁을 치러야 했다.

제6대 구수왕실록

털북숭이 거인 구수왕

구수왕시대의 세계 약사

중국에서는 위·촉·오의 삼국시대가 시작되었다. 220년 조조의 아들 조비가 위의 황제에 오른 것을 시작으로 촉한의 유비는 221년에, 오의 손권은 222년 제위에 올라 삼국시대가 펼쳐졌다.
서양의 로마에서는 카라칼라 황제가 안토니누스 칙령을 발표해 제국의 모든 자유인에게 로마 시민권을 주었다.
이 무렵 페르시아에서는 마니교의 교주 마니가 태어나 자라고, 230년에는 조로아스터교가 페르시아의 국교가 되었다.

신라, 말갈과 벌인 치열한 전쟁

구수왕은 초고왕의 맏아들로, 214년 10월 초고왕이 세상을 떠나자 왕위에 올랐다. 구수왕은 키가 2미터가 넘었고 외모 또한 특이했다. 이는 그의 묘호에서도 엿볼 수 있다.

구수왕의 묘호 '구수'는 '짝머리' 또는 '거만한 머리'라는 뜻이다. 또 '귀수왕'이라고도 했는데, '귀수'는 '귀한 털'을 말한다. 다시 말해 구수왕은 머리가 보통 사람보다 훨씬 크거나 이상하게 생겼으며 짐승의 갈기처럼 희한한 수염을 가진 사람이었다. 한마디로 털북숭이 거인이었다.

구수왕이 왕위에 오를 무렵 백제는 북쪽의 말갈, 동쪽의 신라와 동시에 싸움을 벌여야 하는 처지였다. 싸움을 먼저 걸어

온 것은 북쪽의 말갈이었다.

"말갈 군이 적현성을 에워싸며 공격하고 있습니다."

구수왕이 명령했다.

"적현성은 튼튼한 성이니 빈틈없이 막으면 말갈 군이 스스로 지쳐 물러갈 것이다."

구수왕의 말대로 말갈은 적현성 공격이 여의치 않자 곧 후퇴했다. 이때 구수왕은 기다렸다는 듯이 명령을 내렸다.

"도망가는 말갈 군을 쫓아가 응징하리라. 기병 800명은 나를 따르라!"

직접 군사를 이끌고 사도성 가까이에서 말갈 군을 무찌른 구수왕은 사도성 주변에 나무 울타리를 세워 말갈의 침입에 대비하게 했다.

하지만 말갈은 백제에게 원한을 품고 있었다.

"지난날 백제 군이 우리 땅에 쳐들어온 것을 잊을 수 없다. 기회를 보아 반드시 복수하리라."

말갈은 214년 9월에 백제 군이 석문성을 빼앗은 데 복수를 하

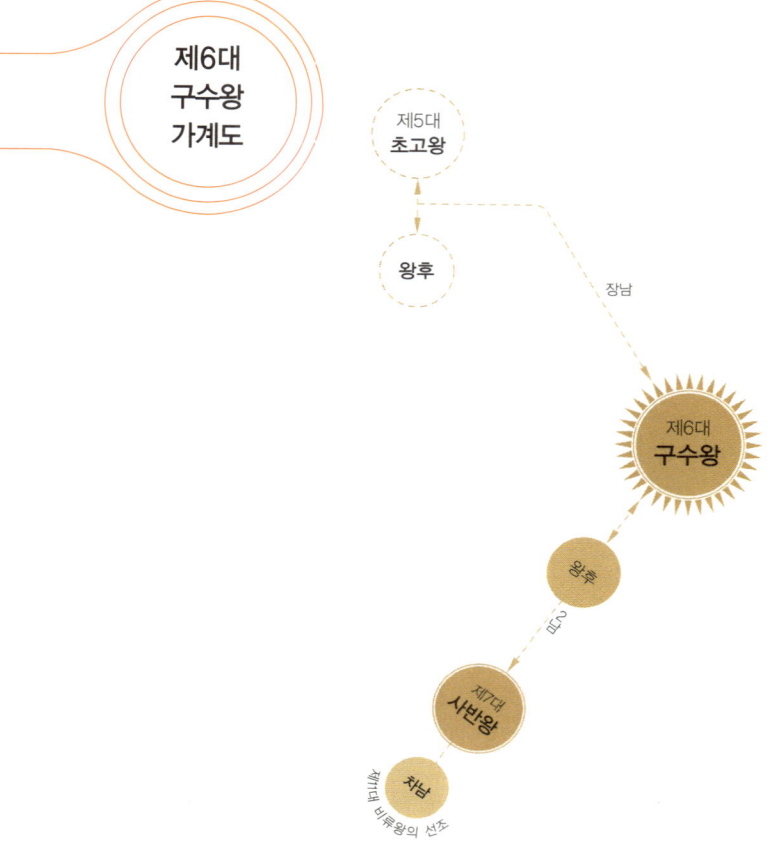

려는 것이었다.

　호시탐탐 기회를 노리던 말갈은 220년 10월 백제 왕성에 큰 불이 나자 이 틈을 노려 공격해 왔으며, 229년에는 백제에 전염병이 돌아 나라가 흉흉해지자 또다시 쳐들어왔다. 그리고 백성들의 집을 불태우고 재물을 빼앗아 갔다.

　말갈과 더불어 백제를 위협하는 세력은 동쪽에 있는 신라였다. 신라에 대해서는 백제가 먼저 공격했다.

"신라의 장산성을 공격해 무너뜨려라."

때는 218년, 사도성 가까이에서 말갈 군을 무찌른 구수왕은 자신감에 넘쳐 신라를 공격했다.

하지만 신라 내해왕은 직접 군사를 이끌고 와서 백제 군을 꺾어 버렸다.

"이번에는 신라의 우두진을 공격하라. 신라 군이 달려오면 반드시 무찔러 백제의 기세를 온 세상에 떨쳐라."

구수왕은 222년 10월에 다시 신라를 공격했다. 이때는 신라 장수 충훤이 이끄는 5,000명의 군사를 무찌르고 장산성 싸움에서 진 앙갚음을 했다.

신라는 224년 7월 장수 연진을 보내 백제를 공격해 복수하려 했는데, 이때는 신라와 백제가 봉산에서 맞붙어 백제 군이 크게 졌다. 구수왕은 이 싸움에서 크게 진 뒤 신라에 대한 공격을 중단했다.

구수왕 시절에는 말갈, 신라와 계속 전쟁을 벌여 나라가 불안했는데, 이보다 더 심각한 것은 천재지변이었다.

왕위에 있는 동안 전쟁과 재해로 시련을 겪은 구수왕은 약 20년 동안 나라를 다스리다가 234년에 세상을 떠났다. 능과 가족에 대한 기록은 남아 있지 않고 왕위는 맏아들인 사반왕에게 물려주었다.

제7대 사반왕실록

모래 반쪽 인생 사반왕

반란으로 왕위를 빼앗긴 사반왕

구수왕은 죽음이 가까워 병상에 누웠을 때 깊은 근심에 사로잡혔다.

"늙은 나이에 얻은 아들이 아직 어린데 세상을 떠나려 하니 걱정되는구나."

그때 구수왕의 맏아들은 아직 10대의 어린 나이였기 때문에 걱정이 되었던 것이다.

"내가 유언을 남겨 아들에게 왕위를 물려주겠지만, 앞으로 왕위를 위협하는 자들이 나타나지 않을지 걱정이로다."

구수왕이 세상을 떠나고 어린 사반왕이 왕위에 오르자 사반왕을 비난하는 소리가 들려왔다.

"왕이 어려 나랏일을 제대로 돌보지 못하니 나라가 엉망이

되고 있다."

이런 말을 퍼뜨리던 세력은 사반왕이 왕위에 오른 지 얼마 되지 않아 반란을 일으켰다.

"왕실의 혈통을 지키고 나라를 바로 세우기 위해 초고왕의 동생인 내가 왕위에 오르는 것이 옳도다."

이렇게 말하며 왕위에 오른 사람이 고이왕이다. 사반왕의 묘호인 '사반'은 '모래 반쪽'이라는 뜻인데, 실로 그는 모래 반쪽만큼의 시간 동안 왕위에 머무르다 왕의 자리를 내준 셈이다.

《삼국사기》에는 이에 대해 다음과 같이 간략하게 쓰여 있다.

제7대 사반왕 가계도

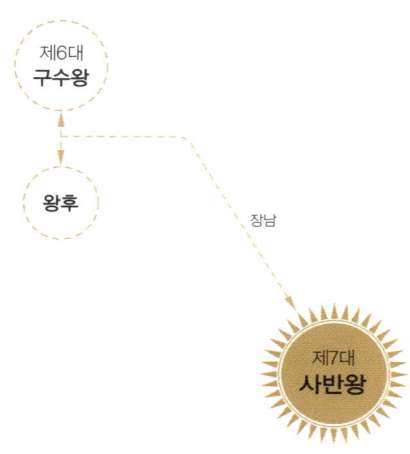

사반이 왕위를 이었으나 나이가 어려
나랏일을 잘 처리하지 못하므로,
초고왕의 동복 아우 고이가 왕위에 올랐다.

비록 짧은 기록이지만 이것을 통해 고이왕이 사반왕을 몰아내고 스스로 왕위에 올랐다는 사실을 알 수 있다.

역사에는 이와 비슷한 사건이 많이 있다. 대표적으로 조선시대에 어린 단종이 왕위에 오르자 그의 숙부 수양이 왕이 어리다는 이유로 단종을 쫓아내고 스스로 왕위에 올랐던 사건을 들 수 있다.

사반왕이 조선 단종처럼 쫓겨났다고 추측할 수 있는 것은 고이왕이 초고왕의 동생이라고 보기 힘들기 때문이다. 고이왕이 초고왕의 동생이라면 그는 개루왕의 아들이 된다.

그런데 개루왕이 166년에 세상을 떠난 뒤 초고왕이 48년, 구수왕이 20년을 왕위에 있었는데, 고이왕이 166년에 태어났다고 해도 왕위에 오를 때 그의 나이는 68세가 된다. 고이왕은 무려 52년 동안이나 왕위에 머물렀는데, 이는 120세를 살았다는 말이 되므로 믿기 어렵다. 따라서 고이왕이 혈통을 조작해서 힘으로 왕위에 올랐다는 뜻이 된다.

어쨌든 왕위에 오른 지 며칠 만에 반란으로 쫓겨난 사반왕은 그 뒤로 전혀 기록에 남아 있지 않다. 아마도 '모래 반쪽'의 운명이 되어 죽음을 당한 것으로 생각된다.

제8대 고이왕실록

반란을 일으켜 왕이 된 고이왕

고이왕시대의 세계 약사

중국에서는 삼국시대가 280년까지 이어지다가 사마씨의 진나라가 통일을 이루었다. 진은 위의 제후였던 사마염이 황제를 몰아내고 세운 나라로 위나라 시절인 263년에 이미 촉한을 무너뜨린 뒤, 280년 손씨의 오나라를 멸망시킴으로써 천하를 통일했다.
서양에서는 프랑크, 고트 등의 변방 외족이 로마로 밀려들어 약탈을 일삼았고, 사산조 페르시아가 힘이 세져 로마와 세력을 다투었다. 또한 마니가 사람들에게 종교를 알리기 시작해 마니교가 널리 퍼지기 시작했다.

행정 조직을 정비하고 신분 질서를 확립하다

"왕실의 혈통을 바로 세우고 나라를 평안케 하리라."

이렇게 외치며 사반왕을 쫓아내고 왕위에 오른 사람이 고이왕이다. 역사 기록에는 이러한 사실이 정확히 쓰여 있지 않지만, 앞뒤 상황을 살펴보면 고이왕은 반란을 일으켜 왕위에 오른 것이 분명하다.

고이왕은 자신이 초고왕의 동복 아우임을 강조하면서 왕위에 올랐는데, 그 뒤 백제 왕실은 심각한 왕권 다툼 속에 빠져든다. 고이왕 이후 그의 후손인 책계왕과 분서왕이 왕위를 잇지만, 분서왕이 자객에게 죽음을 당하자 평민으로 살고 있던 비류왕이 구수왕의 둘째 아들이라며 왕위를 차지한다. 그 뒤 다시 분서왕의 아들 계왕이 왕위를 되찾았다가 2년 만에 비류왕의 둘째 아들인 근초고왕에게 목숨을 내주고 왕위를 빼앗긴다. 근초고왕이 초고왕 2세라는 뜻의 '근초고'라는 묘호를 받은 것이나, 근초고왕의 아들이 구수왕 2세라는 뜻의 '근구수'라는 묘호를 받은 것은 자신들의 혈통이 순수함을 강조하기 위해서였다. 이는 고이왕이 혈통을 조작해 왕위에 오른 뒤 벌어진 왕권 다툼 속에서 자신들의 정당성을 주장하기 위해서였다.

비록 고이왕은 반란을 일으켜 왕위에 올랐지만 재위 기간 동안 주목할 만한 업적을 남겼다.

"6좌평을 두어 나랏일을 돌보게 하고 관리를 16품계로 나누어 질서를 세우도록 하라. 6품 이상은 자줏빛 옷을 입고 은꽃으로 장식하며, 11품 이상은 붉은 옷을 입고, 16품 이상은 푸른 옷을 입게 하라."

6좌평은 오늘날의 장관 자리로 왕실의 비서 기관인 내신좌평, 경제 기관인 내두좌평, 예법과 의식을 맡은 내법좌평, 수도 방위사령부에 해당하는 위사좌평, 사법 기관인 조정좌평, 국방 기관인 병관좌평으로 이루어졌다. 이러한 6좌평의 행정 조직은 이후 백제의 기본 행정 조직이 되었다. 이는 백제의 국가 운영이 그만큼 높은 수준이었음을 뜻한다.

또한 관리의 등급을 나누고 등급에 따라 색깔이 다른 옷을 입게 한 것은 백제를 귀족 중심의 국가로 완전히 자리 잡게 했다. 이처럼 신분 질서를 분명히 한 것은 그만큼 왕실의 권력을 안정시키기 위해서였다. 고이왕은 이러한 제도를 실시하면서 대부분의 좌평을 자신의 친척들로 뽑았다.

이 밖에도 고이왕은 관리가 재물을 받거나 남의 물건을 훔치면 세 배의 벌금을 물게 하고, 죽을 때까지 감옥에 가두어 버리는 강력한 법을 만들어 관리들의 질서를 잡았다. 또한 남쪽의 늪지대를 논밭으로 만들어 나라 살림에 쓰도록 했다. 그리하여 백제의 경제 사정이 좋아지자, 가뭄이 들어 백성이 굶주렸을 때는 나라의 식량을 풀고 1년 동안 세금을 받지 않았다.

고이왕은 52년 동안 왕위에 머무르면서 여러 가지 업적을 쌓았고, 이로써 백제는 동아시아의 선진 강국으로 우뚝 설 수 있었다. 백제가 이 시기에 강한 나라가 되었다는 것은 고이왕이 대륙으로 나아가 세력을 크게 넓혔다는 데서 분명하게 알 수 있다.

고이왕의 대륙 진출과 대륙백제

왕위에 오른 지 7년이 되는 해인 240년에 고이왕은 백제의 정예군을 모아 위세를 자랑하는 군대 사열식을 열었다.

"폐하, 군사들이 모두 모여 폐하를 기다리고 있사옵니다."

"알았다. 군사들을 격려해 백제의 위세를 떨치리라."

고이왕은 군사들이 줄지어 모여 있는 곳으로 나가 용맹스런 그들을 흡족하게 바라보았다. 그때 가까이에 있는 냇가에서 오리 한 쌍이 날아오르는 것을 보았다.

"활을 가져오라."

고이왕은 활을 가져오게 해서 날아오르는 오리를 직접 활로 쏘아 맞혔다. 지켜보던 군사와 신하 들은 모두 감탄했다.

몇 년 전에는 사냥을 나가 직접 사슴 40마리를 잡기도 했으니, 고이왕이 무예가 뛰어나고 기개가 높은 사람이었음을 알 수 있다.

큰 꿈을 가지고 있던 고이왕은 어느 날 신하들을 불러 모아 놓고 물었다.

"지금 중원 대륙의 사정은 어떠한가?"

그러자 신하들이 대답했다.

"한나라 왕실이 무너진 뒤 위나라, 촉나라, 오나라의 삼국으로 갈라져 힘 겨루기를 하고 있습니다. 대륙의 주인이 따로 없고 혼란스럽게 전쟁이 계속되고 있습니다. 요서 지역에는 고구려가 나아가 영토를 넓히고 있습니다."

"과인도 잘 알고 있다. 과인은 어지러운 중원 대륙으로 나아가 백제의 위상을 온 세상에 떨치고자 한다. 기회를 보아 반드시 대륙으로 영토를 넓힐 것이다."

고이왕은 중국이 삼국으로 나뉘어 다투는 틈을 타서 바다 건너 대륙으로 세력을 넓힐 꿈을 품었다.

기회는 246년 8월에 찾아왔다. 위나라 장수 관구검이 낙랑 태수 유무, 대방 태수 궁준과 함께 고구려 공격에 나서느라 낙랑이 다스리던 산동 지역이 비어 있었다.

"장수 진충은 군사를 이끌고 가서 낙랑을 공격하도록 하라."

진충은 산동 반도의 바닷가를 습격해 낙랑의 주민들을 잡아 왔다. 이에 낙랑 태수 유무가 화를 내며 항의하자 고이왕은 포로를 돌려보내 주었다. 하지만 대륙으로 나아갈 기회를 엿보는 것은 멈추지 않았다.

그러다가 이번에는 낙랑이 고이왕의 기분을 언짢게 하는 사건이 일어났다.

"진한의 여덟 나라는 본래 낙랑 것이니 백제 땅도 낙랑 것이다."

진한의 여덟 나라는 고조선이 다스리던 나라를 일컫는 것이었다. 낙랑은 본래 한나라가 고조선을 무너뜨리고 고조선 지역을 다스리기 위해 세운 것이었으므로 고조선 아래에 있던 옛 마한, 즉 백제 땅도 낙랑 것이라는 말이었다.

"건방지게 백제를 넘보는 낙랑을 용서할 수 없다. 당장 낙랑을 공격하라."

고이왕은 낙랑이 다스리던 대방 지역을 공격했으며 이때 대방 태수 궁준을 죽였다. 그 뒤 대방은 사실상 백제 땅이 되었으며 대방의 태수는 딸을 백제 왕실에 시집보내야 하는 처지가 되었다.

이러한 사실에 대해서 중국 역사책 《송서》[1]에는 다음과 같이 쓰여 있다.

> 백제국은 본디 고려(고구려)와 더불어 요동의 동쪽 1,000여 리에 있었으며, 그 뒤에 고려는 요동을 공격해 가지게 되었고, 백제는 요서를 공격해 가지게 되었다. 백제가 다스리던 곳을 일컬어 진평군 진평현이라 한다.

하지만 《삼국사기》에는 백제가 대륙에 나아갔다는 기록이 전혀 없다. 아마도 《삼국사기》를 만든 사람들은 한반도의 백제가 중국 땅에 영토를 가졌다는 것을 인정할 수 없었던 것 같다.

하지만 488년에 만들어진 《송서》뿐만 아니라 당나라 태종 때인 636년에 만들어진 《양서》[2]에도 백제가 요서 지역을 차지했다는 기록이 있다. 《삼국사기》는 1145년에 만들어졌으니 이보다 훨씬 앞선 《송서》와 《양서》의 기록을 무시할 수 없다. 그래

---

1. 《송서》
중국 제나라 무제 때인 488년에 심약이 편찬한 것으로 송나라 59년간(420~479)의 역사를 기록한 책이다.

2. 《양서》
당나라 태종 때인 636년경에 요사렴이 편찬한 책으로 양나라 55년간(502~557)의 역사를 기록한 책이다.

58 　백제사 이야기

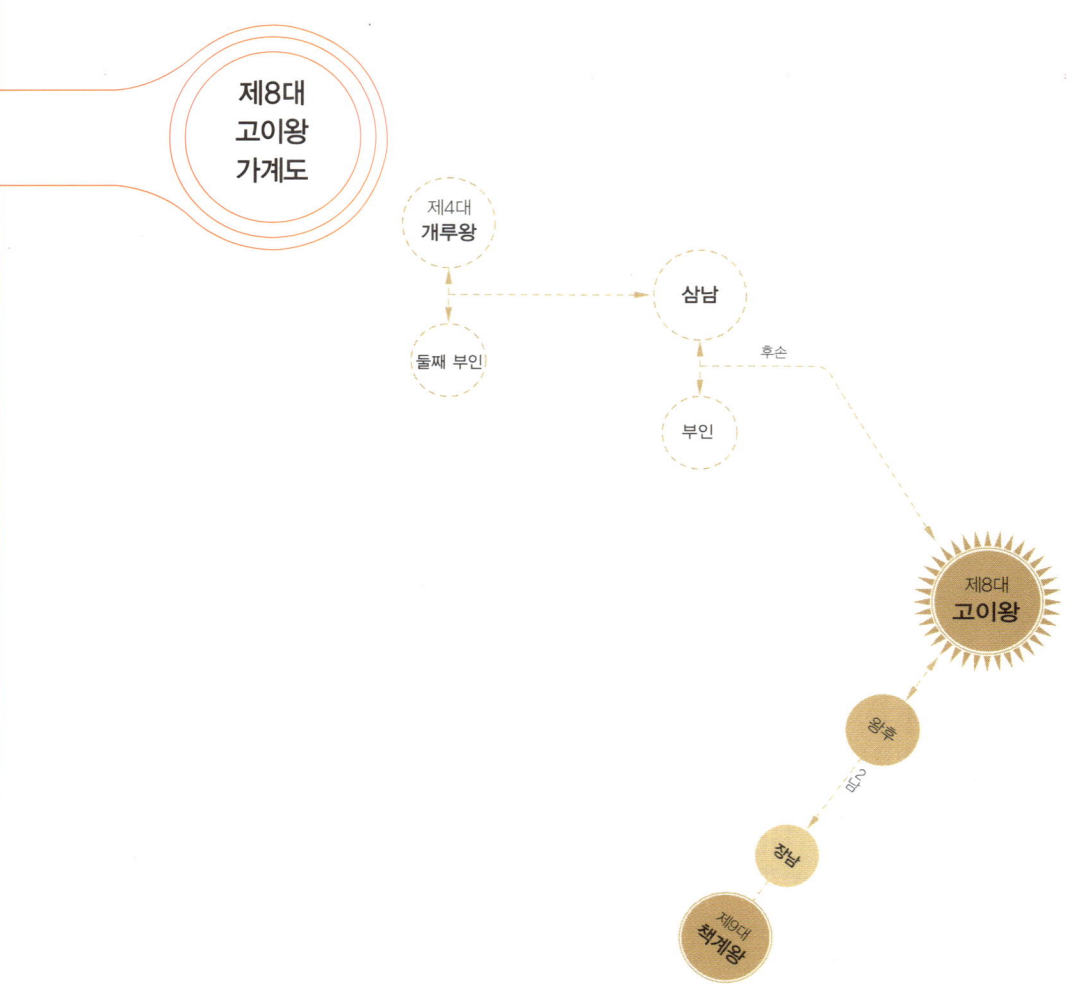

서 학자들 사이에서는 백제가 대륙에 어느 정도 나아갔는지, 과연 백제가 차지한 지역이 어디인지에 대해서 아직도 서로 다른 주장을 펼치고 있다.

어쨌거나 대륙으로까지 나아간 고이왕은 백제 주변의 다른 나라에 대해서도 신경 쓰지 않을 수 없었다. 가장 위협적인 세력은 신라였다.

고이왕은 240년과 255년에 신라를 공격했지만 261년에는 신라에 사신을 보내 화친을 요청했다. 그러나 신라는 이를 받아들이지 않았고 백제는 그 뒤에도 계속 신라와 전쟁을 벌였다. 그러다가 고이왕은 재위 53년에 사신을 보내 화친을 맺는 데 성공했다. 이때 신라는 왜의 침략에 대비해야 했기 때문에 백제와 화친을 맺었다.

백제를 위협하던 또 하나의 세력은 말갈이었다. 말갈은 백제가 생긴 뒤로 끊임없이 다투어 온 세력이었다. 하지만 백제의 힘이 강해지자 말갈이 먼저 화해의 손을 내밀었다.

"폐하, 말갈 사신이 말 열 필을 선물로 가지고 왔습니다."

재위 25년 봄에 날아든 소식을 듣고 고이왕은 웃으며 말했다.

"나라의 기세가 커지니 주위에서 절로 고개를 숙이는구나. 말갈 사신을 잘 대접하도록 하라."

고이왕 시대에는 백제와 말갈이 다투지 않았다.

이처럼 고이왕은 백제의 힘을 키워 신라, 말갈과 화친을 맺고 대륙으로 나아가는 데 성공했다. 52년 동안 왕위에 머무르면서 백제를 강한 나라로 키운 고이왕은 286년 11월에 세상을 떠났으며 능과 가족에 대한 기록은 남아 있지 않다. 왕위는 아들 책계왕에게 물려주었다.

백제사 깊이 읽기

백제에는 어떤 관직이 있었을까?

백제 초기에는 고구려 관직 제도를 그대로 적용했습니다. 중앙 조정은 재상 격인 좌보와 우보가 운영했으며, 지방은 동서남북부와 도성 주변의 중부를 합해 5부 체제였지요.

좌보와 우보에는 왕족을 비롯한 귀족이 뽑혔습니다. 이들은 세상을 떠날 때까지 좌보와 우보 자리에 있었으며, 세상을 떠난 뒤에야 다른 사람이 그 뒤를 이었습니다.

좌, 우보 제도가 자리 잡은 것은 제2대 다루왕 때며, 온조왕 때만 해도 우보만 있고 좌보는 없었습니다. 맨 처음 우보가 된 사람은 온조의 재종 숙부인 을음이었습니다. 온조왕 41년에 을음이 세상을 떠나자 해루를 제2대 우보로 삼았으며, 다루왕 7년에 해루가 숨을 거두자 동부의 흘우를 제3대 우보로 뽑았습니다.

그러다가 다루왕 10년에 흘우는 좌보로 지위가 오르고, 북부의 진회가 우보에 뽑힘으로써 좌, 우보 제도가 확립되었습니다. 그 뒤 이 제도는 제8대 고이왕 27년에 좌평 제도가 만들어질 때까지 유지되었지요.

지방 조직인 5부 체제는 온조왕 시대에 이미 만들어졌습니다. 온조왕 31년에 남북부가 세워졌고, 33년에 다시 동부와 서부가 보태지면서 4부 체제가 되었고, 자연스럽게 도성과 그 주변이 중부로 여겨지면서 5부 체제가 확립되었습니다.

좌, 우보와 5부 체제의 뼈대 아래에는 서열과 직능을 가리키는 관직이 있었을 것으로 여겨지지만, 그에 대한 구체적인 기록은 남아 있지 않습니다.

백제의 2보 5부 행정 체계는 37년(다루왕 10년)부터 260년(고이왕 27년)까지 223년 동안 이어졌습니다. 그러나 고이왕 시대에 국토가 넓어지고 대륙에도 영토를 일구자 6좌평 16관등제를 만들었습니다.

고이왕은 재위 27년 정월에 6좌평 16관등제를 실시했는데, 이는 중앙 집권화의 밑바탕을 만드는 일이기도 했습니다.

좌, 우보 제도가 재상 중심의 정치라면 6좌평 제도는 왕 중심의 정치라 할 수 있는데, 이는 조선시대의 의정부서사제와 육조직계제에 견줄 만합니다. 다시 말해 좌, 우보 제도가 의정부서사제에 해당한다면 6좌평 제도는 육조직계제로서 왕권이 한층 강화된 형태이지요.

6좌평은 왕명 출납을 맡은 비서 실장 격인 내신좌평, 물자와 창고에 대한 일을 맡은 내두좌평, 예법과 의식을 맡은 내법좌평, 숙위 병사 및 중앙 군사에 대한 일을 맡은 위사좌평, 형벌과 송사를 맡은 조정좌평, 지방 군사에 대한 일을 맡은 병관좌평 등입니다.

초대 좌평으로는 내신좌평에 고이왕의 동생 우수, 내두좌평에 진가, 내법좌평에 우두, 위사좌평에 고수, 조정좌평에 곤노, 병관좌평에 유기 등이 뽑혔습니다.

이들 좌평을 1품으로 하여 그 아래 15품계가 세워졌는데 2품은 달솔, 3품은 은솔, 4품은 덕솔, 5품은 한솔, 6품은 나솔, 7품은 장덕, 8품은 시덕, 9품은 고덕, 10품은 계덕, 11품은 대덕, 12

품은 문독, 13품은 무독, 14품은 좌군, 15품은 진무, 16품은 극우라고 했습니다.

이 같은 6좌평 제도는 408년(전지왕 4년)에 전지왕의 이복동생 부여신이 상좌평에 뽑히면서 전환기를 맞이합니다. 상좌평은 군사와 나랏일을 책임지는 국상으로서 내각 책임제의 총리와 같은 자리였지요.

따라서 상좌평 제도를 받아들였다는 것은 왕권이 약해졌다는 뜻인 동시에 왕족 및 귀족 세력의 권력이 강해진 것입니다.

전지왕은 왜국에 볼모로 머물다가 아신왕이 급작스럽게 세상을 떠나자 부여신과 해구, 해수 등에 의해 왕위에 올랐기 때문에 그들에게 나랏일을 맡길 수밖에 없었습니다. 그 결과 나타난 것이 바로 상좌평 제도이지요.

초대 상좌평 부여신에 이어 429년(비유왕 3년) 10월에는 내법좌평을 맡고 있던 해수가 제2대 상좌평에 뽑혔습니다.

그러나 상좌평은 정치 상황의 변화에 따라 그 역할과 비중이 달라지기 일쑤였고, 좌평이란 품계도 상좌평, 중좌평, 하좌평으로 나누어지면서 대좌평과 같은 특진의 관등도 생겨났습니다.

또한 의자왕 때는 그의 서자 41명이 모두 좌평 품계를 받았다는 기록으로 보아, 후대에 이르면서 좌평은 관직보다 품계로서의 의미가 더 강해졌다는 것을 알 수 있습니다.

좌평 이하 16관등제는 품계에 따라 옷 색깔이 나누어졌습니다. 좌평에서 6품 나솔까지는 자주색, 7품 장덕에서 11품 대덕까지는 담홍색, 12품 문독에서 16품 극우까지는 파란색이었답니다. 또 7품 아래는 띠의 색으로도 관등이 나누어졌는데 장덕은 자주색, 시덕은 검은색, 고덕은 붉은색, 계덕은 파란색, 대덕과 문독은 황색, 무독과 좌군, 진무, 극우는 흰색이었지요.

관모(모자)의 장식도 지위에 따라 나누어졌습니다. 임금의 모자는 금으로, 좌평에서 나솔까지는 은으로 만들었습니다. 그 아래 품계의 모자 장식에 대한 기록은 없지만 아마도 장덕에서 대덕까지는 동제, 그 아래로는 철제로 장식했을 것입니다.

관등제가 이처럼 옷과 장식에까지 영향을 미친 것을 볼 때, 16관등은 신분을 나누는 역할을 했을 것입니다. 좌평에서 나솔까지는 왕족 및 귀족으로 이루어진 제1신분, 장덕에서 대덕까지는 지역 대호족으로 이루어진 제2신분, 문독에서 극우까지는 중소호족과 평민을 포함한 제3신분 등으로 나눠질 수 있습니다.

제9대 책계왕실록

백제와 대방을 동시에 다스린 책계왕

대륙에서 영토를 넓힌 책계왕

책계왕은 '청계'라고도 불렸으며, 언제 태어났는지는 분명치 않다. 그는 고이왕의 아들이었으나 맏아들은 아니었으며, 체격이 크고 기품이 뛰어났던 것으로 전해진다. 책계왕에게 특이한 점은 부인이 대방 사람 보과였다는 것이다.

대방은 지금의 산동 반도 지역으로, 낙랑이 다스리던 곳이다. 책계왕의 아버지 고이왕은 낙랑과 전쟁을 벌일 때 대방을 공격해 대방 태수 궁준을 죽이며 이겼는데, 그 뒤로 대방은 사실상 백제 땅이 되었다.

대방이 백제의 지배를 받게 된 증거가 바로 대방 태수의 딸 보과가 백제 왕실로 시집온 것이다. 따라서 책계왕은 한반도의 백제와 대륙의 대방을 동시에 다스리는 왕이 된 셈이었다.

이런 책계왕이 왕위에 오르자마자 백제에는 다급한 소식이 전해졌다.

"폐하, 고구려가 대방을 공격해 왔다고 합니다."

책계왕은 이 소식을 듣자 망설이지 않고 명령을 내렸다.

"대방은 과인의 사돈이 있는 곳으로, 백제가 지켜 주어야 할 땅이다. 당장 군사를 보내 대방을 구하도록 하라. 또한 고구려와 싸움을 벌이면 북쪽 국경이 위태로울 수 있으니 아차성과 사성을 튼튼하게 고쳐 대비하도록 하라."

책계왕의 명령을 받은 백제 군은 곧 대방으로 가서 손쉽게 대방을 구할 수 있었다.

하지만 이때 대방에 쳐들어온 세력은 고구려라고 할 수 없다. 《삼국사기》의 고구려 역사에서는 이때 대방을 공격한 사실이 기록되어 있지 않을 뿐 아니라, 당시 고구려에는 반란이 일어나서 대방을 공격할 여유가 없었다. 다만 백제가 고구려의 침략에

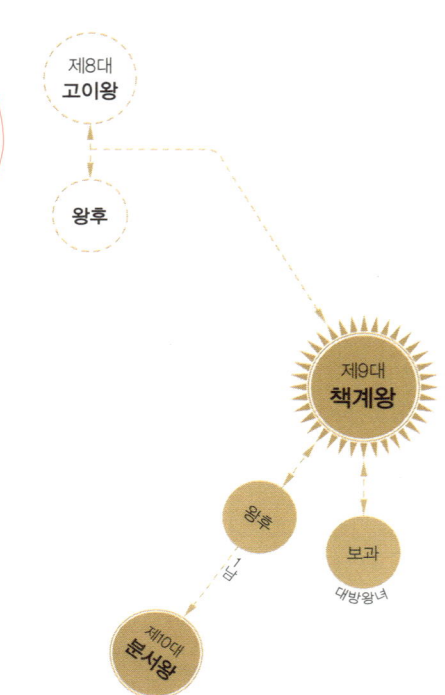

대비하기 위해 아차성과 사성을 고친 것을 볼 때 고구려 군이 포함된 것만은 틀림없다.

그렇다면 대방을 공격한 세력은 누구였을까? 그것은 낙랑 세력일 가능성이 높다.

책계왕은 298년 9월에 세상을 떠났는데, 《삼국사기》에는 다음과 같은 기록이 있다.

한나라가 맥 사람들을 이끌고 쳐들어왔다.
왕이 직접 나가서 막다가 적군에게 죽음을 당했다.

여기서 말하는 '한나라'는 당시에 이미 망하고 없었기 때문에 한나라가 대방 지역을 다스리기 위해 세운 낙랑을 일컫는 것으로 보인다.

'맥 사람들'은 고구려 사람들을 말하는데, 고구려 군사라기보다는 북방에 흩어져 살던 고구려 계통 사람들로 여겨진다.

대방은 본래 낙랑 땅이었으므로 낙랑 태수가 공격했다고 보는 것이 이치에 맞다. 또한 책계왕의 아들 분서왕도 낙랑과 영토 전쟁을 벌이다가 죽은 것으로 보아 백제는 대방 지역을 놓고 낙랑과 계속 다툼을 벌인 듯하다.

책계왕은 낙랑이 대방을 쳐들어오자 아예 대방으로 건너가서 머무르며 영토 넓히는 일에 나섰다. 그러다가 왕위에 오른 지 13년 만에 전쟁 중에 목숨을 잃었다.

하지만 이러한 내용은 아직 분명하게 밝혀지지 않았다. 《삼국사기》에는 대륙의 대방 지역을 지배한 백제에 대한 기록이 전혀 없기 때문이다. 마찬가지로 책계왕이 10년 넘게 대륙에 머무르며 영토 전쟁을 벌인 사실에 대해서도 실려 있지 않다. 위에서 책계왕이 대방에서 활약했다고 말한 것은 거의 대부분 중국 역사책에 실린 내용이다.

어쨌거나 대방 태수의 딸을 부인으로 맞아들여 대륙에서 활약한 것으로 보이는 책계왕은 298년 낙랑과 전쟁을 벌이다가 세상을 떠났다. 왕위는 맏아들인 분서왕에게 물려주었다.

제10대 분서왕실록

자객에게 암살당한 분서왕

대륙 개척에 나선 분서왕

책계왕의 맏아들인 분서왕은 언제 태어났는지 분명하지 않고, 298년 9월 책계왕이 전쟁터에서 목숨을 잃자 왕위를 이어받았다.

왕위에 오른 분서왕은 다음과 같이 다짐했다.

'아바마마가 못 다 이루신 뜻을 내가 이루리라. 대륙을 개척해 백제의 기상을 온 세상에 떨치리라.'

대륙을 개척하겠다는 분서왕의 의지는 매우 강했다. 그것은 그의 묘호가 '분서'라는 데서도 알 수 있다. '분서'는 '서쪽을 나눴다.'는 뜻으로, 그가 서쪽 백제인 대륙백제에서 살다시피 하면서 대륙 개척에 나선 것을 말해 준다.

책계왕에 이어 대륙 개척에 나선 분서왕은 304년 2월에 야심

찬 명령을 내렸다.

"낙랑의 서현을 기습해 영토를 넓히고 낙랑의 기세를 단숨에 꺾어 놓아라."

당시 낙랑은 흉노 귀족 유연[1]과 손잡고 백제와 맞서려 했는데 분서왕이 이를 가로막기 위해 서현을 공격하게 했다. 서현은 낙랑과 유연이 서로 오가는 길이었다.

서현이 백제에게 점령당하자 낙랑의 태수는 발을 동동 굴렀다.

"백제가 서현을 차지하고 우리를 압박하고 있으니 이대로 영영 백제에게 밀려나야 한단 말인가?"

그때 낙랑의 신하가 말했다.

"백제의 왕은 지금 궁성을 두고 바다를 건너와 전쟁을 벌이고 있습니다. 대륙을 개척하려는 의지가 강해 무서운 기세를 보여 주고 있으나 백제의 왕을 죽이면 그 기세는 금세 꺾일 것입니다."

"그래?"

"그렇습니다. 지금 백제에서는 왕이 바다를 건너 영토 확장에만 열을 올린다고 불만이 많습니다. 이러한 때 백제 왕을 죽이면 그에게 불만을 가진 사람들이 권력을 잡을 것이고 그러면 대방의 백제 군도 힘을 잃을 것입니다."

"좋다. 반드시 백제 왕을 암살하도록 하라."

그리하여 낙랑 태수는 솜씨가 뛰어난 자객을 뽑아 분서왕에게 보냈다. 낙랑의 군대에게 지지 않았던 분서왕도 밤중에 몰

1. 유연 (?~310)

흉노 출신의 귀족으로 진(晉)의 무관으로 있다가 전조를 세워 황제가 되었다.

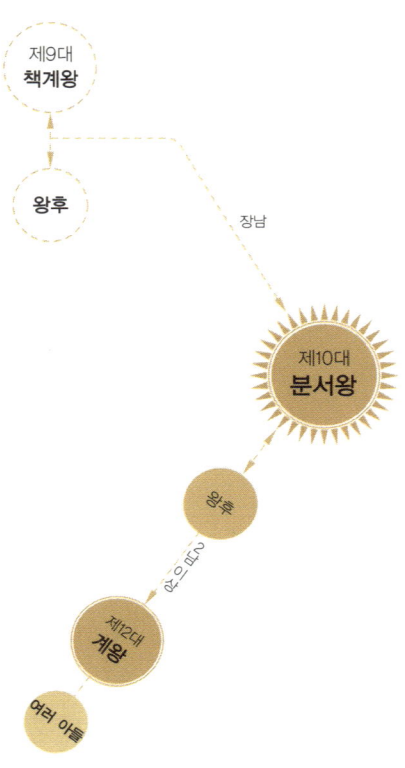

래 찾아든 자객의 칼을 이겨 낼 수 없었다. 결국 분서왕은 궁성을 떠나 바다 건너 대륙에서 영토 확장에 힘쓰다가 죽음을 맞이했다. 이때가 왕위에 오른 지 7년 되는 해였다.

한편 분서왕이 자객에게 목숨을 잃자 백제에서는 그의 아들이 왕위를 잇지 못했다. 고이왕, 책계왕, 분서왕이 대를 이어 대륙백제를 개척했지만 이에 불만을 가진 다른 세력이 왕위를 차지해 버린 것이다. 왕위는 분서왕의 아들이 아니라 스스로 구수왕의 아들이라고 주장하는 비류왕이 차지했다.

제11대 비류왕실록

평민으로 지내다가 왕이 된 비류왕

분서왕 세력을 몰아내다

분서왕이 낙랑의 자객에게 죽음을 당하자 백제에서는 새로운 왕을 세워야 했다. 왕위 계승이 순조롭게 이루어진다면 당연히 분서왕의 아들이 왕위에 올랐겠지만 백제의 사정은 그렇지 않았다.

"왕은 바다 건너 대륙에만 관심을 가져서 나라가 어떻게 돌아가는지 도통 알지 못했다. 왕은 바다 건너 땅의 왕인가?"

"왕이 도성을 비우고 백성을 돌보지 않았으니 나라가 어찌 될지 알 수 없다."

이렇게 분서왕에 대한 불만이 여기저기에서 터져 나오고 있었다. 이는 단순히 분서왕에 대해서만 쏟아진 불만이 아니라 대륙 개척에 나섰던 고이왕, 책계왕 등 이전 왕들 모두에 대한

비류왕시대의 세계 약사

중국에서는 흉노 귀족 유연에게 장안을 빼앗겨 진나라가 무너지고, 저족·강족·흉노·갈족·선비족의 5족이 중원에 나라를 세워 5호16국 시대를 열었다.
서양의 로마에서는 콘스탄티누스가 황제 자리에 올라 기독교를 공인했다. 그는 경쟁자 리키니우스를 무찌르고 로마 제국을 다시 통일했다. 그리고 수도를 비잔티움으로 옮기고 콘스탄티노플이라 부름으로써 비잔틴 제국 시대가 열렸다.

불만이었다.

　이런 불만을 부추기고 이용하는 사람들도 있었다.

　"왕실의 혈통이 분명하지 않아서 나라가 어지럽다."

　"왕실의 혈통을 바로 세우고 왕이 도성에서 백성을 돌보게 하자."

　고이왕 계통의 왕실을 뒤엎자는 말이었다. 이런 가운데 왕위에 오른 사람이 비류왕이었다.

　"구수왕의 둘째 아드님을 임금으로 모시자."

　그들은 분서왕의 아들들이 너무 어려서 나랏일을 돌볼 수 없다는 이유를 댔다. 하지만 정말로 나이 어린 분서왕의 아들을 대신해 왕위에 올랐다면 이후에는 다시 분서왕의 아들에게 왕위를 물려주어야 했다. 하지만 그렇게 하지 않았다는 것은 비류왕 세력이 분서왕 세력을 밀어냈다는 뜻이다.

　《삼국사기》에는 비류왕에 대해 '오랫동안 평민으로 살면서 명성을 떨쳤다.'라고 쓰여 있다. 이는 비류왕이 왕족은커녕 귀족으로도 대접받지 못하고 지냈다는 말이다. 비류왕이 구수왕의 둘째 아들이라면 쫓겨난 사반왕의 동생이니 아마도 숨어 살아야 했을 것이다.

　하지만 비류왕이 구수왕의 둘째 아들이라는 것은 믿기 어렵다. 비류왕은 구수왕이 세상을 떠난 지 70년이 지난 뒤 왕위에 올랐는데 그러면 최소한 그가 70세에 왕이 되었다는 말이다. 그는 왕이 된 뒤 40년 동안 왕위에 머물렀으니 무려 110세까지 살았다는 것인데, 이는 쉽게 믿기 어렵다. 또한 70세 나이에 분서왕 세력을 밀어내고 왕위에 오르는 모험을 하기란 쉬운 일이 아니다.

　아마도 고이왕이 그랬듯이 비류왕도 혈통을 지어내 자신의 정당성을 주장한 듯하다. 그가 구수왕 계통의 자손일 수는 있겠지만 비정상적으로 왕위를 이은 것만은 분명해 보인다.

영토 개척을 중단한 비류왕

　"각 지방에 사신을 보내 백성들의 어려움을 살피도록 하라."

　"생활이 어려운 홀아비, 고아, 자식 없는 노인 들에게 곡식을 나누어 주도록 하라."

　비류왕은 이렇게 백성들의 마음을 다독이는 일을 소홀히 하지 않았다. 자신이 분서왕 세력을 밀어내고 왕위에 올랐기 때문에 백성들의 마음을 얻기 위해서였다.

　그럼에도 불구하고 비류왕을 위협하는 반란이 일어났다. 반란은 비류왕의 동생 우복이 일으켰다.

　"왕실을 바로 세우는 데

는 내 역할이 컸다. 이제 내가 왕위를 넘겨받을 때도 되지 않았는가?"

우복은 비류왕의 동생으로서 분서왕 세력을 몰아낼 때 큰 역할을 했다. 때문에 비류왕이 왕위에 오른 지 24년이 되는 해에 자신의 세력을 일으켜 스스로 왕이 되고자 했다.

반란을 일으키기 전에도 우복은 왕실의 비서 실장에 해당하는 내신좌평을 맡아 권력을 누리고 있었다. 하지만 그는 이에 만족하지 않았다.

"북한성을 기지로 삼아 반드시 도성을 차지하리라."

우복은 이렇게 말하며 자신의 군사들을 북한성에 머물게 했다. 북한성을 차지하고 앉아서 도성을 노리며 덤벼드는 우복 세력의 기세는 만만치 않았다. 비류왕은 이들과 한강을 사이에 두고 전쟁을 벌여야 했다.

"토벌대를 보내 반란군을 제압하도록 하라. 저들이 더 세력을 키우기 전에 북한성을 되찾아야 할 것이다."

비류왕은 군사들을 다그쳐 북한성을 치게 했다. 그리하여 두 세력의 군사가 맞붙었고, 이 싸움에서 우복은 지고 말았다.

우복의 반란을 억누른 비류왕은 그 뒤로 특별한 반란을 겪지 않았다. 그리고 344년까지 거의 40년 동안 왕위에 머물렀다.

비류왕 시기에 주목할 점은 다른 나라와 전쟁을 벌인 적이 거의 없었다는 점이다. 신라와는 사신을 주고받으며 화친을 맺었고 낙랑, 고구려, 말갈 등과도 전혀 전쟁을 하지 않았다. 이는 백제를 안정시키는 동시에 자신의 왕권을 안정시키려는 생각

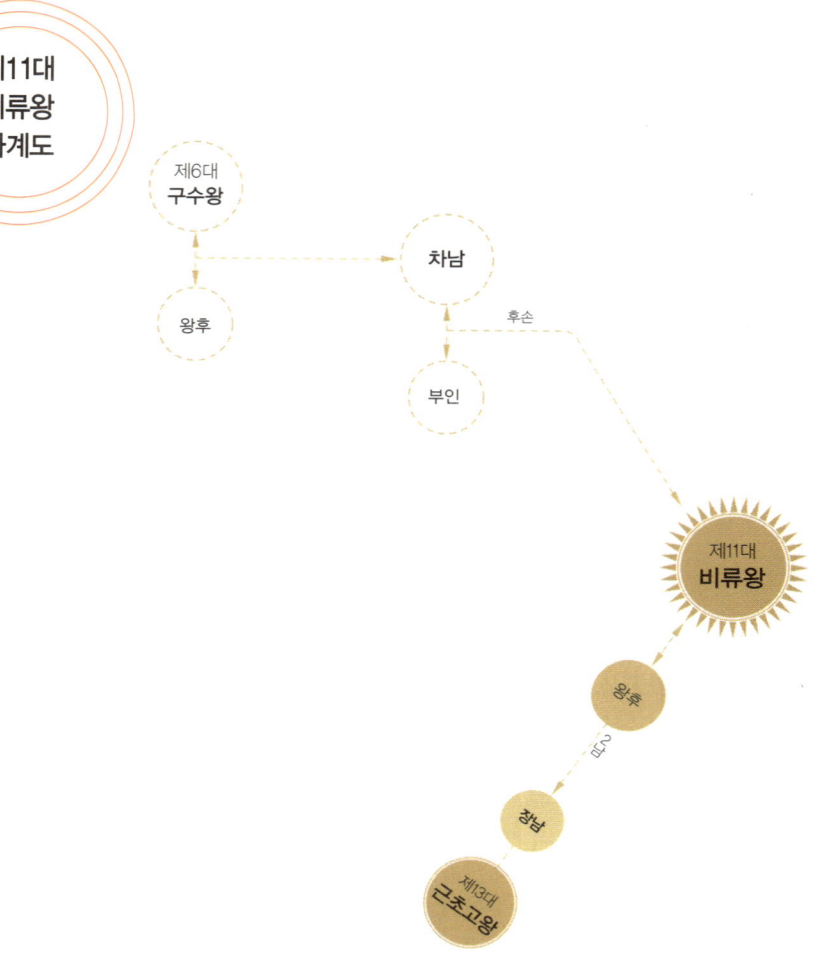

때문이었다.

특히 이 시기에 대륙에서 백제가 활약한 기록이 전혀 없다. 분서왕의 대륙 개척에 불만을 품고 왕권을 빼앗은 비류왕이었기에 대륙백제에는 신경을 쓰지 않았을 수도 있다.

하지만 얼마 전까지 활발하게 영토를 개척했던 곳을 관리도 하지 않고 내버린 것처럼 기록에 전혀 나오지 않는 것은 이상

한 일이다. 그래서 대륙의 백제 땅에는 분서왕 세력이 따로 영토를 차지하고 있었던 것은 아닌가 하는 추측이 나오기도 한다. 그렇다면 백제는 한반도와 대륙으로 나누어져 있었던 상황이라고 할 수 있다.

이런 상황을 이겨 낸 사람은 비류왕의 아들 근초고왕이다. 그는 분서왕 세력을 완전히 밀어내고 한반도와 대륙에서 눈부신 활약을 펼치게 된다.

김제벽골제비

330년(비류왕 27년)에 농사용 저수지로 쓰던 벽골제를 조선 시대에 고치면서 만든 비석이다. 당시의 발달된 과학 기술을 보여 주는 유적이다.

전라북도 김제시

제12대 계왕실록  # 베일에 가려진 계왕

베일에 가려진 계왕의 즉위와 죽음

《삼국사기》에는 다음과 같은 기록이 전한다.

> 이전에 분서왕이 죽었을 때는 계왕이 어려서 왕위에 오를 수 없었는데, 비류왕이 재위 41년 만에 죽자 왕위에 올랐다.

분서왕의 맏아들인 계왕은 성격이 강직하고 용맹스러웠으며, 무술이 뛰어났던 것으로 전해진다. 하지만 왕위에 오른 지 2년도 못 되어 세상을 떠났다. 그가 어떻게 죽었는지는 베일에 가려져 있다.

사실 '계왕'이라는 이름도 정식 묘호가 아니라 '계'라는 이름에 왕을 붙인 것이다. 이는 정식으로 묘호를 받지 못했다는 것이고, 왕으로서 제대로 대접받지 못했다는 뜻이다.

그래서 계왕이 이후 왕위를 잇는 근초고왕 세력에 의해 목숨을 잃은 것은 아닐까 하고 추측할 수도 있다. 분서왕의 아들인 계왕은 백제의 대륙 땅을 차지했고 비류왕의 뒤를 이은 근초고왕은 한반도 땅을 차지했는데, 근초고왕이 계왕 세력을 완전히 무너뜨리고 한반도와 대륙까지 모두 차지했다는 것이다. 그리하여 근초고왕은 어느 때보다 활발하게 대륙 개척 활동을 벌여 백제의 전성기를 연다. 그래서 비류왕 때에는 대륙에서의 활동이 전혀 없다가 근초고왕 때에 이르러 활발하게 대륙을 개척했다고 추측할 수도 있다.

능과 가족에 대한 기록은 전혀 남아 있지 않고 그의 후손에 대한 내용도 전하지 않는다.

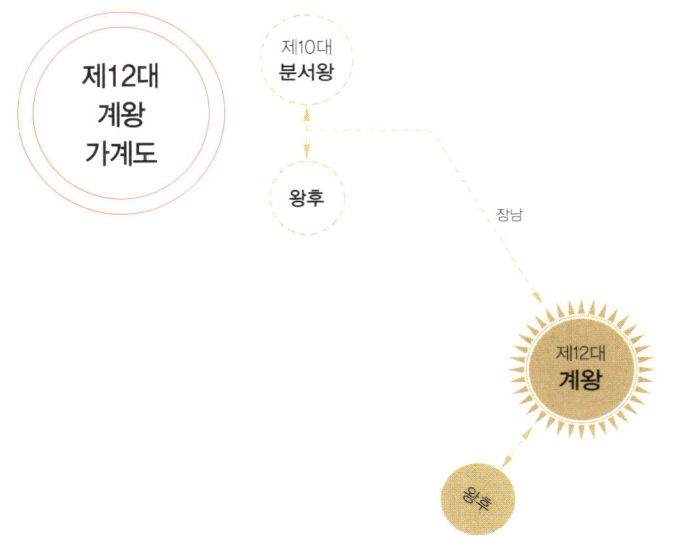

제13대 근초고왕실록

백제의 전성기를 이룩한 근초고왕

근초고왕시대의 세계 약사

중국에서는 5호16국시대가 전개되던 시기로 320년에는 한족 장무가 전량을 세웠고, 337년에는 모용 선비가 전연을 세웠으며, 351년에는 저족 부건이 전진을 세웠다. 이들 국가는 동쪽으로 옮겨 온 사마씨의 동진과 싸우며 성장하거나 쇠퇴했다.
서양의 로마에서는 콘스탄티누스 2세가 353년에 로마 제국을 통일하고, 그의 뒤를 이은 율리아누스 황제는 페르시아와 싸우다가 죽었다. 그 뒤 로마는 동서로 나누어지고, 게르만족이 대이동을 시작해 훈족과 동고트족을 정복했다.

백제를 강한 나라로 만든 근초고왕

근초고왕은 비류왕의 둘째 아들이며 언제 태어났는지는 분명하지 않다. 몸집이 크고 외모가 특이했다고 전해진다.

"과인은 초고왕의 후손으로 백제의 왕실을 바로 세우고 온 세상을 손에 넣으리라."

근초고왕은 이렇게 자신이 초고왕의 후손임을 강조했다. 이는 고이왕 계통이었던 백제 왕실을 뒤엎고 초고왕 계통으로 왕실을 다시 세웠음을 말하는 것이었다. 근초고왕이라는 묘호는 '초고왕 2세'라는 뜻이다.

분서왕의 마지막 후손인 계왕이 왕위에 오른 지 겨우 2년 만에 의문의 죽음을 당한 뒤 근초고왕은 한반도와 대륙에서 활발한 활동을 벌였다. 특히 근초고왕은 비류왕과 달리 대륙을 개척하는 데 관심이 많았다.

"과인은 바다 건너 대륙에서 큰 뜻을 펼칠 것이다. 대륙의 사정이 어떠한지 자세히 말해 보라."

근초고왕의 물음에 신하들이 대답했다.

"지금 중원은 지난날 흉노의 귀족 유연이 진(서진)을 무너뜨린 뒤 각 지방의 세력들이 앞 다투어 영토를 넓히는 일에 나서고 있습니다."

"그렇습니다. 특히 고구려는 서안평과 낙랑군을 점령한 뒤 대방과 현도를 차지해 우리를 크게 위협하고 있습니다."

그러자 근초고왕이 주먹을 불끈 쥐며 말했다.

"그렇다. 지난날 우리가 대륙에 신경 쓰지 못한 사이 고구려가 대륙의 우리 땅을 쳐들어왔으나 그들을 응징하지 못했다. 다른 세력들은 어떠한가?"

"지금은 그 누구보다 모용외가 이끄는 선비족[1]이 가장 위협적입니다. 그들은 지난날 고구려와 수차례 전쟁을 벌여 고구려의 도성을 무너뜨렸고 이제는 우리 영토를 넘보고 있습니다."

신하들의 말을 듣고 근초고왕은 깊은 생각에 잠겨 있다가 다시 입을 열었다.

"과인은 그 누구도 우리 땅에 쳐들어오지 못하게 할 것이다. 나아가 대륙의 영토를 더 크게 넓히고 온 세상을 손에 넣을 것이다. 지금은 선비족이 쳐들어올까 걱정되니 내가 직접 대륙에 머무르며 군사를 이끌 것이다. 이를 위해서 주변의 다른 나라

1. 선비족

흉노에 이어 몽골 지역에서 번성한 부족으로 연나라를 세웠다. 또한 4세기에는 북위를 세워 중국의 북쪽 지역을 차지했다.

칠지도

근초고왕 때 만들어진 것으로 여겨지며, 백제 왕이 왜 왕에게 내린 철제 칼이다. 백제와 왜가 동맹을 맺은 상징물이라고 볼 수 있다.

일본 이소노가미 신궁 소장

와는 싸우지 않고 지내야 한다. 신라와 왜에 사신을 보내 화친을 맺도록 하라."

근초고왕은 대륙에 머물며 백제의 세력을 넓히는 데 힘을 쏟았다. 하지만 이런 내용은 《삼국사기》에 전혀 나오지 않는다. 심지어 근초고왕이 왕위에 오른 뒤 20년까지의 기록이 전혀 없다. 아마도 《삼국사기》를 만든 사람들이 믿을 수 없다고 판단한 기록은 빼 버렸을 것이다. 빼 버린 내용이 대륙 개척 활동 부분이라는 것은 중국 역사책들을 통해 추측한 것이다.

이러한 추측은 아직 명확한 사실이라고 말할 수 없다. 하지만 근초고왕 시기의 백제는 고구려는 말할 것도 없고 주변의 그 어떤 나라보다도 강한 나라가 되었다. 당시 고구려는 대륙에 기반을 두고 있었는데 고구려와 경쟁하며 이겼다는 것은 백제 또한 대륙에 기반을 두었다는 추측을 가능케 한다.

대륙백제의 확대와 고구려와의 충돌

백제 영토를 사상 최대로 넓힌 근초고왕은 세력을 키워 갈수록 고구려와 부딪칠 수밖에 없었다. 특히 가장 강한 세력을 자랑하던 모용외의 선비족이 무너지면서 두 나라는 서로 세력을 넓히기 위해 싸워야 했다. 먼저 고구려가 공격을 시작했다.

"고구려가 2만 명의 군사를 이끌고 치양을 쳐들어왔습니다."

369년 9월 고구려 고국원왕[2]의 공격으로 두 나라의 전쟁이 시작되었다.

"태자 휘수(근구수왕)는 군사를 이끌고 나가 고구려 군을 물리치도록 하라."

근초고왕은 태자 휘수로 하여금 전쟁의 선봉에 서게 했다. 이때 '사기'라는 고구려 사람이 고구려를 배반하고 태자 휘수에게 와서 말했다.

"고구려 군사는 비록 수는 많지만 모두 가짜 군사입니다. 붉은 깃발을 든 부대만 강한 군대이니 그들을 먼저 공격하면 나머지는 저절로 허물어질 것입니다."

휘수는 사기의 말을 믿고 전쟁터에 나아가 붉은 깃발을 든 부대만 집중 공격했다. 그랬더니 과연 고구려 군 5,000여 명을

2. 고국원왕 (?~371)

고구려 제16대 왕(재위 기간 331~371)이다. 371년에 근초고왕이 이끄는 백제 군과 싸우다가 목숨을 잃었다.

백제사 이야기

죽이고 큰 승리를 거둘 수 있었다.

백제는 이 전쟁에서 이겨 가장 강한 나라로 이름을 널리 떨치게 되었다. 하지만 고국원왕은 371년 9월에 다시 한 번 백제를 공격해 왔다.

"이번에는 내가 직접 군사를 이끌고 나설 것이다. 아예 고구려 도성까지 밀고 올라가 고구려를 완전히 무너뜨릴 것이다."

근초고왕은 이렇게 외치며 군사 3만 명을 이끌고 나섰다. 고구려 군은 백제 군의 상대가 되지 않았다. 근초고왕은 무서운 기세로 곧장 고구려 평양성까지 밀고 올라갔다. 당황한 고구려 군은 백제 군에게 제대로 맞서 보지 못하고 무너졌다.

이 싸움에서 고구려의 고국원왕은 화살에 맞아 큰 부상을 입었다. 다행히 고구려는 태자 구부(소수림왕)의 지휘 아래 평양성을 겨우 지킬 수 있었다. 근초고왕은 고구려 군의 마지막 저항이 만만치 않다고 판단하고 백제로 돌아갔다. 그리고 고국원왕은 화살에 맞은 부상 때문에 결국 숨을 거두고 말았다.

"고구려 왕이 죽었으니 이제 함부로 우리를 넘보지 못할 것이다. 나는 이제 대륙의 땅은 태자에게 맡기고 그만 궁으로 돌아가야겠다."

근초고왕은 고구려를 크게 무찌르고 한성으로 돌아갔다. 이제 백제는 최고의 전성기를 누리게 되었다.

백제를 강한 나라로 만드는 데 성공한 근초고왕은 29년 2개월 동안 왕위에 머무르다 375년에 세상을 떠났으며, 왕위는 태자 휘수에게 물려주었다.

영암 왕인석상

근초고왕 때의 학자인 왕인 박사의 석상이다. 왕인의 제자들이 스승을 기리기 위해 세웠다고 한다. 왕인은 백제 문화를 일본에 전해 주어 일본의 고대 문화를 발전시키는 데 크게 힘썼다.

전라남도 영암군

제14대 근구수왕실록

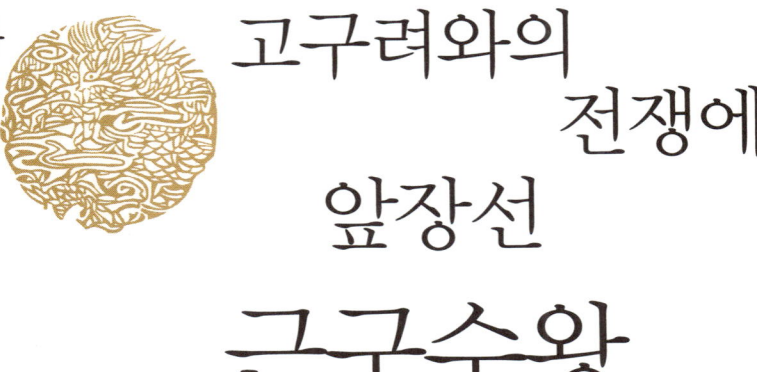

고구려와의 전쟁에 앞장선 근구수왕

근구수왕의 활약과 자연재해

근구수왕은 근초고왕의 아들로 왕비 진에게서 태어났으며, 태자 시절에는 이름이 휘수였다. 375년 11월 왕위에 오른 근구수왕은 태자 때부터 고구려와의 전쟁에서 뛰어난 활약을 펼쳤다.

369년 9월 고구려의 고국원왕이 대륙의 치양을 쳐들어왔을 때, 당시 태자였던 근구수왕은 근초고왕의 명령을 받고 전쟁터로 나갔다. 이때 고구려 사람인 사기가 알려 준 정보에 따라 고구려 군대 가운데에서 정예군인 붉은 깃발 군대만 집중 공격해 크게 이겼다.

이 싸움에서 이긴 백제 군은 달아나는 고구려 군을 뒤쫓아 북쪽으로 계속 치고 올라갔다. 이때 장수 막고해가 태자 휘수에게 말했다.

"일찍이 도가는 만족할 줄 알면 욕을 당하지 않고, 그칠 줄 알면 위태롭지 않다고 했습니다. 지금 얻은 것이 많으니 이쯤에서 추격을 멈추는 것이 어떻겠습니까?"

태자 휘수는 막고해의 충고를 받아들였다. 그리고 즉시 그곳에 백제 땅이라는 표시로 말뚝을 박아 세우고 양옆을 돌아보면서 말했다.

"오늘 이후로 누가 다시 이곳을 넘보겠는가?"

이는 자신만만하고 패기 넘치는 태자 휘수의 성격을 단적으로 보여 주는 말이었다.

이처럼 근구수왕은 어릴 적부터 판단력이 뛰어나고 담이 크며 전쟁을 승리로 이끄는 능력도 예사롭지 않았다.

371년에 근초고왕이 고구려의 평양성을 공격해 고국원왕을 죽이는 성과를 거둘 때에도 백제 군을 지휘했던 사람은 태자 휘수, 즉 근구수왕이었다.

그는 근초고왕이 늙었을 때 고구려가 다시 백제에 쳐들어와 수곡성을 빼앗아 간 것에 대해서도 375년에 반격에 나서 수곡성을 되찾았다. 또한 376년 11월에는 한발 더 나아가 다시 한 번 고구려의 평양성을 공격했다. 비록 겨울이 다가오는 바람에 평양성 공격에 실패했지만 고구려는 이때 커다란 위협을 느꼈다.

하지만 이처럼 전쟁에 뛰어났던 근구수왕도 380년 이후 백제에 밀어닥친 재앙 때문에 고생을 많이 했다. 380년 백제에는

백제사 이야기

전염병이 돌았으며 382년에는 심한 가뭄과 흉년이 찾아들었다. 이 당시 고구려에도 전염병과 가뭄, 흉년이 들었기 때문에 두 나라는 서로 전쟁을 벌일 처지가 되지 못했다.

그 뒤 근구수왕은 더 이상 고구려와 전쟁을 벌이지 못했지만 중국 대륙의 동진, 한반도의 신라와 가야 그리고 왜와 화친을 맺어 고구려를 압박하는 전술을 썼다.

태자 시절부터 고구려를 상대로 운명적인 대결을 벌인 근구수왕은 왕위에 그리 오래 머물지 못했다. 그는 재위 10년째인 384년 4월에 세상을 떠났으며 왕위는 맏아들 침류왕에게 물려주었다.

제15대 침류왕실록

불교를 받아들인 침류왕

병에 걸려 일찍 죽은 침류왕과 불교의 전파

침류왕은 근구수왕의 맏아들이며 어머니는 아이부인이다. 근구수왕이 384년 4월에 세상을 떠나자 왕위에 올랐다.

하지만 침류왕은 왕위에 오래 있지 못했다. 즉위한 다음 해인 385년 11월에 세상을 떠났으니, 겨우 19개월 동안 왕위에 머물렀던 셈이다. 이는 침류왕이 몸이 약해 병에 걸려 죽었다는 것을 말해 준다.

병에 걸려 고생하던 침류왕은 왕위에 오르자 다음과 같이 말했다.

"불교의 가르침이 훌륭하다고 하니 과인이 승려를 궁중에 들이고자 한다. 마땅한 승려가 없겠는가?"

그러자 신하들이 대답했다.

"동진¹에 있는 인도 승려 마라난타가 이름이 있다고 합니다. 그를 불러들이시는 것이 어떻겠습니까?"

"그래? 당장 사신을 보내 마라난타와 불교 승려들을 초청하도록 하라."

침류왕은 384년 7월 동진에 사신을 보냈다. 그러자 동진에서는 마라난타를 백제로 보내 주었다.

이것이 백제에 불교가 들어오게 된 사연이다. 고구려는 372년 전진²의 승려 순도로부터 불교를 받아들여 백제보다 조금 앞섰다. 백제에도 고구려를 통해 불교가 이미 전파되었을 수도 있으나 왕실이 직접 초청한 것은 침류왕 때였다.

1. 동진

진(晉)나라 후반에 해당하는 중국의 왕조(317~419)다. 진이 망한 뒤 사마예가 양자강 남쪽에 내려가 세웠으며 419년 유유에 의해 멸망했다.

2. 전진 (351~394)

진(秦)이라고도 한다. 351년 부건이 장안을 차지해 도읍으로 정하고 스스로 천왕대선우라 부르며 국호를 대진이라고 했다. 383년 동진과의 전투에서 크게 진 뒤 급속히 기울어져 멸망했다.

92 　백제사 이야기

제15대
침류왕
가계도

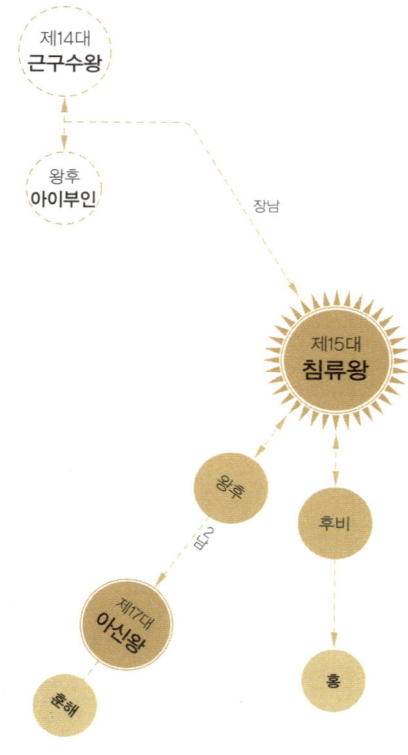

불갑사 대웅전

대웅전은 석가모니를 모시는 건물이다. 침류왕 때 인도의 승려 마라난타가 세웠다는 이야기와 무왕 때 행은 스님이 세웠다는 이야기가 전해진다.

전라남도 영광군

　침류왕이 불교 승려를 초청한 것은 아마도 병에 시달리던 자신의 처지를 불교에 기대 바꾸어 보고 싶었기 때문일 것이다. 그래서 외국 사람인 마라난타를 궁중에 머물게 하며 정성껏 대접했다.

　하지만 백제에 불교가 널리 퍼진 것은 이보다 한참 뒤인 성왕 때다. 불교를 적극 받아들인 침류왕이 일찍 세상을 떠나는 바람에 불교가 널리 퍼질 기회가 없었다.

　침류왕은 왕위에 오른 지 19개월 만에 세상을 떠났다. 왕위는 근구수왕의 둘째 아들이자 침류왕의 동생인 진사왕이 물려받았다.

백제사 깊이 읽기

백제 사람들은 어떤 절을 남겼을까?

절을 흔히 '가람'이라고도 하는데, 이는 절의 어원인 '상가람마'에서 온 말입니다. 남녀 출가자인 비구와 비구니, 남녀 신도인 우바이와 우바새 등 사중이 함께 모여 사는 곳이라는 뜻이지요. 이를 우리말로 옮겨 '승가람마라'라고 했는데, 줄여서 '가람'이라고 했지요.

백제에 절이 세워진 것은 384년 9월 인도 승려 마라난타가 불교를 전한 뒤였습니다. 385년 2월 한산(남한산)에 세워졌는데, 그 뒤로 불교가 널리 퍼지면서 백제 땅 곳곳에 절이 생겨났지요.

우리나라의 옛 절은 중국이나 일본과 마찬가지로 도시 중심지에 세워졌습니다. 그러나 시대 상황과 사회 여건에 따라 산속에 지어지는 경우도 많았지요.

절은 어느 곳에 지어졌느냐에 따라 서로 다른 특징을 갖는데, 대부분 기능적인 이유 때문이었습니다. 절을 기능에 따라 나눠 보면 크게 세 가지 형태가 됩니다.

첫째는 평지 가람형으로 왕실의 원당이나 국찰이 이에 해당됩니다. 이는 교통의 편리함에 힘입어 불교를 널리 퍼뜨리는 데 큰 역할을 했지요.

둘째는 깊은 산속에 자리 잡은 산지 가람형입니다. 이는 주로 수행 생활에 알맞도록 설계된 것이 특징입니다.

셋째는 천연이나 인공 석굴에 세워진 석굴 가람형으로, 기도를 드리는 곳입니다.

백제의 절은 선종이 들어오기 전에 만들어졌기 때문에 대부분 평지 가람형이었습니다. 대표적인 절로는 부여 정림사와 익산 미륵사가 있지요. 지금 비록 절터만 남아 있어 원래 모습을 정확하게 알 수 없지만, 두 절의 규모는 어마어마했던 것으로 보입니다.

 부여 정림사는 백제의 마지막 도성인 사비성 안에 있었으며, 평평한 땅에 만들어진 큰 절입니다. 전체 넓이가 얼마나 됐는지 정확하게 알 수 없으나, 현재 사찰지로 지정된 면적은 약 3만 4,000평방미터입니다.

 지금까지 밝혀진 가람 형태는 금당과 강당이 남북으로 일직선에 놓여 있고, 사방으로 회랑이 만들어져 있습니다. 이를 장방형

정림사지 5층 석탑
미륵사지 석탑과 함께 남아 있는 백제 시대 석탑으로 세련된 조형미를 자랑한다. 국보 제9호로 지정되었다.

충청남도 부여군

의 '남북일탑식가람'이라고 하는데, 백제 가람의 전형적인 모습입니다. 현재 절터에는 높이 5미터 62센티미터의 석불좌상과 높이 8미터 33센티미터의 정림사지 5층 석탑만 남아 있습니다.

익산 미륵사는 제30대 무왕이 세운 것으로 전해집니다. 규모가 대단했던 것으로 알려지지만 전체 넓이는 정확하게 밝혀지지 않았지요. 이 절은 조선 중기까지 유지되다가 17세기에 아무도 머물지 않게 되어 서쪽의 탑 하나와 당간 지주만 남아 있습니다.

미륵사지 석탑

백제 최대의 절인 미륵사에 세워져 있던 탑으로 우리나라에 남아 있는 탑 가운데에서 가장 오래되고 큰 규모를 자랑한다. 현재 6층까지만 남아 있고 국보 제11호로 지정되었다.

전라북도 익산시

절은 탑과 금당이 마련된 일탑식 가람이 세 개 합해져 품(品)자 모양으로 배치된 것으로 여겨졌으나, 최근에는 이 주장이 맞지 않은 것으로 밝혀졌습니다. 동탑과 서탑이 있고, 그 가운데에 목탑이 자리했으며, 각 탑의 북쪽에 금당 성격을 가진 건물이 하나씩 있었던 것으로 확인되었지요. 이들 탑과 금당을 한 단위로 나누는 회랑이 있어 동쪽은 동원, 서쪽은 서원, 중앙은 중원이라는 개념의 삼원식 가람임을 알게 되었지요.

이러한 절의 배치는 동양 고대 가람 연구에서 밝혀진 적이 없는 독특하고 새로운 모습입니다.

지금까지 미륵사지에서 나온 유물은 주로 기와로 모두 6,500여 점이었습니다. 여기에는 백제에서부터 고려 때까지의 기와가 다양하게 섞여 있었지요.

정림사와 미륵사의 가람 배치 및 규모를 통해 백제 절의 형태와 구조는 어느 정도 알 수 있으나, 전체적인 윤곽을 잡는 데에는 아직까지 부족하답니다.

제16대 진사왕실록

권력을 잃고 왕위에서 쫓겨난 진사왕

진사왕의 불행한 죽음과 백제의 위기

진사왕은 근구수왕의 둘째 아들이며 침류왕의 동생이다. 385년 11월 침류왕이 세상을 떠났을 때, 침류왕의 태자(아신왕)는 너무 어려서 숙부인 그가 대신 왕위에 올랐다. 조카 대신 왕위에 올랐기 때문에 진사왕의 왕권은 강하지 못했고 백제 조정은 왕위 계승 문제로 늘 뒤숭숭했다.

'백제 왕실과 조정이 어지러우니 우리에게 기회가 왔다. 군사를 준비시켜 반드시 복수하리라.'

이렇게 다짐한 것은 고구려였다. 진사왕도 이런 고구려의 속셈을 눈치 채고 국경에 방어벽을 세워 전쟁에 대비했다. 그리고 386년 8월 고구려의 고국양왕¹이 군사를 이끌고 쳐들어왔을

1. 고국양왕 (?~391)
고구려 제18대 왕(재위 기간 384~391)으로, 백제를 정벌해 영토를 넓혔다.

때 이를 성공적으로 막아 냈다.

하지만 진사왕은 마음을 놓을 수가 없었다. 고구려가 387년 9월에 말갈을 시켜 백제를 치게 했기 때문이다. 말갈은 고이왕 이래 백제와 화친을 맺고 130여 년 동안 평화롭게 지냈는데, 고구려의 압박을 받아 갑자기 백제를 친 것이었다. 백제는 날쌔고 산악전에 뛰어난 말갈 군의 공격에 큰 피해를 입었다.

"고구려의 남쪽을 공격해라!"

"고구려의 도곤성을 무너뜨려라!"

 진사왕은 고구려와 말갈이 함께 도전해 오는 상황을 이겨 내기 위해 고구려 공격에 적극 나섰다. 그리고 마침내 성공을 거두어 고구려 군 200여 명을 포로로 잡았다.

 그런데 진사왕은 느닷없이 사냥이나 하면서 놀고 궁궐을 꾸미며 사치를 부렸다. 고구려의 반격이 충분히 예상되는 때에 이러한 진사왕의 행동은 이해하기 어렵다. 아마도 이때 왕위

계승을 둘러싸고 백제 조정과 왕실이 큰 혼란에 빠진 것이 아닌가 하고 추측할 수 있다. 그 혼란 때문에 진사왕은 권력을 잃고 나랏일을 제대로 돌보지 않았던 게 아닐까.

고구려는 곧 매섭게 반격을 퍼부었다. 고국원왕이 근초고왕 군대에게 목숨을 잃은 뒤부터 복수의 칼을 갈아 오던 고구려였다. 대대적인 복수에 나선 사람은 고구려의 광개토왕[2]이었다.

"드디어 복수할 때가 왔다. 모든 군사는 백제 군을 무찌르고 저들의 요새를 무너뜨려라."

광개토왕은 392년 7월에 군사 4만 명을 이끌고 백제를 공격하기 시작했다. 이 전쟁에서 백제 군은 일방적으로 무너졌으며 20일 만에 10여 개 성을 내주었다. 10월에는 백제의 요새 관미성이 무너졌다.

이때 진사왕은 사냥을 나가 열흘 동안 궁으로 돌아오지 않았다. 나라가 최대 위기에 빠져 있는데 왕이 사냥이나 하면서 놀고 있었던 것이다. 이는 왕의 자리에서 쫓겨났기 때문이라고밖에 볼 수 없다.

진사왕은 392년 11월에 사냥을 하다가 아신왕 세력에 의해 목숨을 잃었다.

2. 광개토왕 (374~413)

고구려 제19대 왕(재위 기간 391~413)으로, 18세에 왕위에 올랐다. 불교를 믿었고 만주와 한강 이북을 차지하는 등 고구려의 전성시대를 열었다.

제17대 아신왕실록

고구려에 무릎 꿇은 아신왕

광개토왕에게 무릎 꿇은 아신왕

아신왕은 침류왕의 맏아들이며 진사왕의 조카다. 385년 침류왕이 세상을 떠났을 때, 그는 너무 어려 삼촌 진사왕에게 왕위를 넘겨줘야 했다. 그러나 391년에 세력을 모아 진사왕을 밀어냈으며, 392년 11월에는 진사왕을 죽이고 왕위에 올랐다.

아신왕은 왕위에 오르자마자 곧장 다음과 같이 명령했다.

"고구려에게 빼앗긴 관미성을 되찾아야 한다. 관미성은 북방의 요새로 이곳을 잃으면 대륙을 잃고 이곳을 찾으면 대륙을 얻는다. 반드시 되찾아 오도록 하라."

아신왕의 말대로 관미성은 아주 중요한 요새였다. 주위가 바다와 절벽으로 둘러싸인 관미성은 그 누구도 쉽게 정복할 수

아신왕시대의 세계 약사

중국에서는 후진, 후연, 서진, 후량, 북위, 서연 등 외방 5족이 국가를 세워 동진과 5호 16국시대가 이어지고 있었다.

서양의 로마에서는 테오도시우스 황제가 기독교를 국교로 승격하고 이교를 금지했다. 그러나 395년 테오도시우스 황제가 세상을 떠나자 로마는 다시 동서로 나누어졌다.

없는 요새로서 백제의 대륙 영토 북쪽을 지키는 곳이었다. 하지만 진사왕 시절에 고구려의 광개토왕이 군사를 일곱 부대로 나누어 총공격해 차지한 성이었다.

"장수 진무는 군사 1만 명을 이끌고 가서 관미성을 되찾아 오도록 하라."

393년 1월 아신왕은 외삼촌 진무를 앞장세워 관미성을 공격했다. 진무의 뛰어난 전술로 백제 군은 관미성을 에워쌌지만 무너뜨릴 수는 없었다.

"수곡성을 무너뜨려 관미성을 되찾는 발판을 만들도록 하라."

아신왕은 관미성 공격에 실패하자 394년 7월 수곡성을 치게 했다. 하지만 이번에도 고구려의 방어벽에 가로막히고 말았다.

395년 8월에는 다시 한 번 관미성 공격에 나섰다. 이때 고구려의 광개토왕은 크게 분노하며 직접 전쟁에 나섰다.

'백제가 끊임없이 도전해 오니 이번에는 내가 직접 나서서 그들을 응징해야겠다.'

이렇게 다짐한 광개토왕은 직접 군사 7,000명을 이끌고 백제 군을 패수에서 크게 무찔렀다. 백제는 군사 8,000명을 잃고 달아나고 말았다.

"어찌하여 고구려 군에게 계속 지기만 한단 말인가? 과인이 직접 나서서 저들을 무찌르리라."

아신왕은 계속된 패배에 분을 삭이지 못하고 직접 군사를 이끌고 나섰다. 하지만 눈이 많이 내려 군사를 되돌려야 했다.

백제가 이렇게 관미성을 되찾기 위해 계속 도전해 오자 고구려의 광개토왕은 큰 결심을 했다.

'백제의 도성을 직접 쳐서 무너뜨리지 않고서는 저들의 도전은 계속될 것이다. 이 나라의 정예군 모두를 이끌고 가서 백제의 도성을 쳐야겠다.'

396년에 광개토왕은 수군 수만 명을 배에 싣고 서해를 가로질러 백제 원정에 나섰다. 관미성을 차지함으로써 대륙을 손에 넣었기 때문에 이제는 백제의 도읍인 한성을 치고자 한 것이다.

고구려 군이 바다를 건너 쳐들어오자 아신왕은 매우 당황해서 미처 대비하지 못했다. 광개토왕은 한강 북쪽에 내린 뒤 단번에 한강 이북의 58개 성과 700개 촌을 모두 차지했으며, 그 기세를 몰아 한강을 건너 한성으로 밀고 들어갔다.

"폐하, 고구려 군대가 곧 궁 앞에 이를 것입니다. 이를 어찌하면 좋습니까?"

"고구려 군대를 막을 힘이 없습니다. 고구려 왕은 분명 복수하기 위해 폐하와 백제 왕실을 죽이려 들 것입니다."

고구려 군이 다가오자 아신왕은 겁에 질렸다. 광개토왕이 고국원왕의 복수를 하기 위해 자신을 죽일 것만 같았다.

"성문을 열고 나가 항복하라. 내가 직접 무릎을 꿇고 저들의 칼날을 멈추게 하리라."

결국 아신왕은 광개토왕 앞에 나아가 무릎을 꿇고 항복했다. 이는 백제 역사에 다시 없는 치욕적인 일이었다. 아신왕은 왕족과 신하 들 가운데에서 열 명을 고구려에 볼모로 보내고서야 겨우 목숨을 지킬 수 있었다.

이로써 근초고왕 이래로 고구려를 눌렀던 백제의 전성기는 완전히 지나가고 고구려의 광개토왕이 가장 강한 군주로 나서게 되었다.

복수하기 위해 발버둥 친 아신왕

광개토왕 앞에 나아가 무릎 꿇고 항복해 겨우 목숨을 지킨 아신왕은 그날의 치욕을 잊지 않고 이를 갈았다.

'무슨 수를 써서라도 치욕을 갚고야 말 것이다. 반드시 고구려 왕을 내 앞에 무릎 꿇리고 말 것이다.'

아신왕이 고구려에 복수하고 잃은 영토를 되찾기 위해 선택한 방법은 왜국과 손을 잡는 것이었다.

"왜국에 사신을 보내 함께 고구려를 치자고 해라. 태자 영은 왜국으로 건너가 저들의 믿음을 얻도록 하라."

397년 5월 아신왕은 태자 영(전지왕)을 왜에 볼모로 보내는 수치를 겪으면서까지 왜국과 힘을 모으려고 했다. 아신왕의 머릿속에는 고구려에 복수하겠다는 생각밖에 없었기 때문에 체면도 자존심도 모두 팽개치고 왜국과 연합하는 데 성공했다.

"군사 훈련을 게을리 하지 말고 국경에 성을 쌓아 늘 전쟁에 대비하라."

복수의 화신이 된 아신왕은 미친 듯이 전쟁 준비에 몰두했고 마침내 398년 8월 고구려를 공격하라는 명령을 내렸다. 하지만 밤중에 유성이 떨어지는 것을 보고 불길한 마음이 들어 공격을 중단했다.

이 무렵 신라의 내물왕은 392년 1월 조카(실성왕)를 고구려에 볼모로 보내 동맹을 맺은 상태였다. 아신왕은 원수 같은 고구려에 빌붙은 신라를 가만히 보고 있을 수 없었다. 게다가 고된 전쟁 준비에 지친 백성들이 신라로 도망가자 신라를 공격하기로 마음먹었다.

"왜와 가야에 사신을 보내 신라를 칠 준비를 하게 하라. 고구려에 빌붙은 신라를 정복하고 그 힘으로 고구려를 칠 것이다."

399년에 아신왕은 백제, 왜, 가야의 삼국 동맹군으로 신라를 공격했다. 당시 신라는 이들의 공격을 막아 낼 힘이 없었다. 신라 군은 일방적으로 무너졌고 신라 땅은 삼국 동맹군의 말발굽 아래 짓밟히기 시작했다. 신라의 도성인 서라벌마저 곧 내줄 상황이었다.

"고구려에 도움을 요청하라. 오직 고구려만이 우리의 희망이다."

신라 내물왕은 서둘러 사신을 보내 광개토왕에게 도와 달라고 부탁했다. 광개토왕은 400년에 군사 5만 명을 보내 신라를 구하게 했다.

"고구려의 5만 군대가 달려온다고 합니다."

"고구려 군과 정면 대결을 벌이는 것은 무모한 일이니 이쯤에서 물러나도록 합시다."

신라 정복을 코앞에 두고 왜와 가야는 한발 뒤로 물러섰다. 아신왕은 당시 고구려가 대륙에서 후연[1]과 다투느라 여유가 없어 신라를 구하러 군사를 보내지 못할 것이라고 판단했다.

그러나 고구려는 신라에 구원군을 보냈고 왜 군과 가야 군은 고구려 군이 몰려온다는 말만 듣고도 달아나기 바빴다. 아신왕도 뒤로 물러나 방어를 준비할 수밖에 없었다. 결국 왜는 바다를 건너 달아났고 가야는 고구려 군에게 성을 빼앗기는 피해를 입었다. 아신왕의 야심에 찬 복수 작전이 실패한 것이다.

신라를 점령하는 데 실패한 아신왕은 402년 왜에 사신을 보내 이번에는 아예 고구려를 직접 공격하자고 했다.

'지금 고구려는 연(후연)과 전쟁을 하느라 군사들이 모두 서쪽 대륙으로 가 있으니, 이때 고구려를 공격하자.'

이렇게 생각한 아신왕은 왜, 가야와 힘을 모아 404년에 큰 규모의 수군으로 고구려를 공격했다. 아신왕은 이 싸움에서 대방을 차지하려고 했다. 대방은 백제가 고구려에게 빼앗긴 땅으로, 이곳을 되찾으면 대륙의 북쪽으로 치고 올라갈 수 있었기 때문이다. 고구려는 후연과 싸우느라 정신이 없었기 때문에 아

1. 후연
선비족 출신의 모용수가 384년에 세운 나라. 394년 북위와의 전쟁에서 크게 졌고, 407년에 무너졌다.

108　백제사 이야기

제17대 아신왕 가계도

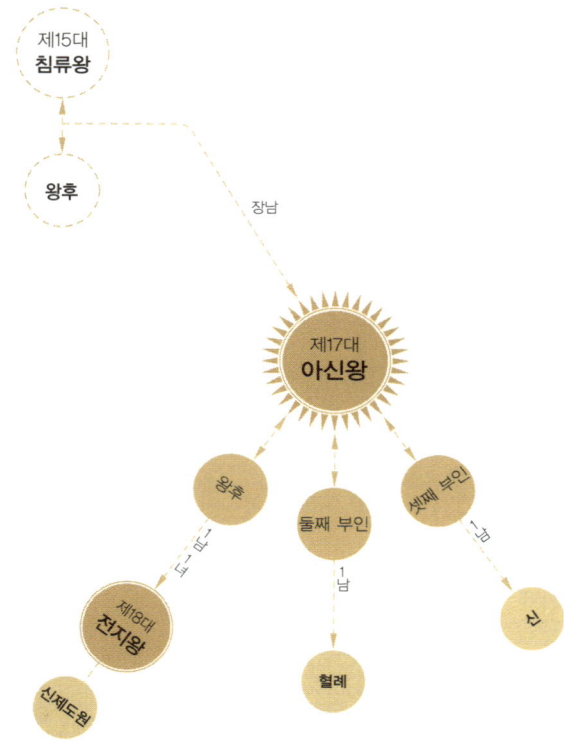

신왕의 연합군에게 대방을 쉽게 내주고 말았다.

"대방을 차지했으니 이제 평양으로 밀고 올라가자."

아신왕은 자신감에 부풀어 고구려의 도성인 평양까지 나아가고자 했다.

하지만 이를 가만히 보고 있을 광개토왕이 아니었다.

"연과 다투고 있는 사이에 백제가 비겁하게 치고 들어왔구나. 내가 지난날 백제 왕의 목숨을 살려 주는 은혜를 베풀었거늘 이렇게 나에게 도전하다니……. 비록 지금 연나라와의 전쟁이 만만치 않지만 백제와 그 무리는 내가 직접 응징해야겠다."

광개토왕은 직접 군사를 이끌고 달려와 삼국 연합군과 맞서 싸웠다. 기세 좋게 평양으로 나아가던 삼국 연합군은 광개토왕이 직접 이끄는 정예 병력에게는 힘을 쓰지 못했다. 결국 그들은 평양 공격을 포기하고 물러서야만 했다.

이렇듯 아신왕은 광개토왕에게 복수하기 위해 발버둥 쳤지만 영토를 되찾기는커녕 아무것도 얻지 못하고 나라의 힘만 축내고 말았다. 그리고 405년 9월 가슴에 한을 품고 세상을 떠났다.

제18대 전지왕실록

이름뿐인 왕 전지왕

전지왕시대의 세계 약사

중국에서는 북위가 409년에 후연을 무찌르고 황하 이북을 병합했다. 그해에 풍발이 북연을 세웠고, 동진은 410년에 남연을 무너뜨렸다. 411년에는 후연이 서진을 쳐서 항복시켰고, 414년에는 서진이 남량을 멸망시켰다. 420년에는 동진의 유유가 송을 세웠다. 서양에서는 406년에 서로마 제국의 스티리크가 동고트와 반달족을 무찔렀다. 411년에는 서북 에스파냐에 수에비국이 세워졌고, 413년에는 알자스에서 부르군트 왕국이 세워졌다. 420년에는 동로마와 페르시아가 전쟁을 벌였다.

험난하게 왕위에 오른 전지왕

405년 9월, 아신왕이 갑작스럽게 죽음을 맞이하자 백제 왕실과 조정은 왕위 계승 문제로 어지러워졌다.

갑자기 세상을 떠난 아신왕의 뒤를 이어 임시로 나랏일을 맡은 사람은 훈해였다. 훈해는 아신왕의 동생으로 왜국에 가 있는 태자 영이 돌아올 때까지 나랏일을 돌보았다.

아신왕은 왜국과 연합을 맺으면서 믿는다는 표시로 태자 영을 볼모로 보냈는데, 태자 영은 아신왕이 세상을 떠났다는 소식을 듣고 귀국 길에 올랐다.

하지만 태자 영의 왕위 계승은 순탄하게 이루어지지 않았다.

"태자마마, 지금 한성은 위험하오니 잠시 섬에 머물면서 기다려 주십시오."

배를 타고 백제로 가던 태자 영에게 해충이라는 신하가 달려와 말했다.

"왜 그러시오? 무슨 문제가 있소?"

태자가 의아한 낯빛으로 묻자 해충이 대답했다.

"혈례 왕자가 훈해를 죽이고 스스로 왕위에 오르는 반란을 일으켰습니다."

"아니, 어떻게 그런 일이?"

한성에서는 아신왕의 막내아들 혈례가 삼촌 훈해를 죽이고 왕위에 오르는 사건이 터졌다.

아신왕의 아들 가운데 혈례는 진씨 귀족을 외척으로 둔 왕자였고, 태자 영은 해씨 귀족을 외척으로 둔 왕자였다. 혈례의 반란은 진씨 귀족이 일으킨 것이었다. 그래서 한성에서는 해충, 해수, 해구 등의 해씨 귀족이 진씨 귀족과 혈례에 맞서 전쟁을 벌이고 있었다.

"선왕(아신왕)께서 태자를 책봉하셨으니 마땅히 태자가 왕위에 올라야 한다."

해씨 귀족은 이렇게 주장하며 진씨 귀족에 맞섰다. 하지만 그때까지 권력을 쥐고 있던 진씨 귀족은 태자 영을 인정하려 하지 않았다.

이 싸움은 해씨 귀족의 승리로 끝났다. 태자 영이 왜국에서 돌아오자 이들의 주장은 힘을 얻어 백성들의 지지를 받았던 것이다.

그리하여 태자 영은 가까스로 왕위에 오를 수 있었다. 하마터면 왕위에 오르지 못하고 왜국에서 볼모 신세로 살 뻔했던 것이다. 이렇게 험난하게 왕위에 오른 태자 영이 바로 백제 제18대 전지왕이다.

허수아비 같은 전지왕

전지왕은 아신왕의 맏아들로 이름은 '영'이다. 394년에 태자에 책봉되었고, 397년에 왜국에 볼모로 보내졌다. 그리고 왜국에서 8년 동안 머무르다 아신왕이 세상을 떠나자 백제로 돌아와 혈례의 반란을 억누르고 나서야 왕위에 오를 수 있었다.

어렵게 왕위에 오르다 보니 전지왕은 별로 힘이 없었다. 또한 어린 나이에 왜국에 볼모로 가 있었기 때문에 백제 안에는 그의 세력이 따로 없었다. 주변 정세에도 어두웠으며 왕위를 해씨 세력이 찾아 주었기 때문에 권력은 해씨 귀족에게 넘어가 있었다.

"부여신을 상좌평에 임명하니 모든 신하들이 상좌평을 따라 나랏일을 돌보도록 하라."

결국 전지왕은 부여신을 백제의 재상 자리인 상좌평에 임명해 나랏일을 맡겼다. 부여신은 전지왕의 이복동생으로 혈례 세력을 누르고 왕위를 되찾는 데 큰 역할을 한 사람이었다.

408년에 상좌평에 오른 부여신은 429년까지 20여 년 동안

백제 왕족의 성씨는 왜 부여 씨일까?

백제 왕족의 성씨는 부여 씨다. 온조가 성씨를 부여로 한 것은 자신이 부여 출신임을 강조하기 위해서였다.

그 자리에 있었다. 상좌평이라는 자리는 이때 처음 생겼는데 그 뒤 하나의 제도로 굳어졌다. 전지왕은 힘이 없었고 상좌평이 나랏일을 도맡아 했으니, 전지왕은 그야말로 이름뿐인 왕이었다.

 이 시기에 백제는 주변 나라들과 전쟁을 치르지 않았다. 중국의 동진을 비롯해 왜, 가야, 신라, 고구려 등의 주변 나라들과

114　백제사 이야기

제18대 전지왕 가계도

화친을 맺고 지냈다. 특히 전지왕의 첫 부인이 왜국의 공주였기 때문에 왜국과는 특별히 가까운 관계를 맺고 있었다.

　허수아비처럼 힘없이 왕위에 머물던 전지왕은 왕위에 오른 지 14년이 되는 420년에 세상을 떠났다. 왕위는 아들 구이신왕에게 물려주었다.

백제사 깊이 읽기

백제의 행정 조직은 어떠했을까?

　백제는 관등제를 바탕으로 중앙과 지방의 행정 및 군사 조직이 짜여졌는데, 바로 중앙의 22부, 지방의 22담로입니다.

　중앙의 22부는 내관 12부와 외관 10부로 이루어졌습니다. 내관은 궁정과 왕실의 일을 맡은 관청이며, 외관은 일반 서정을 맡은 기관이었지요.

　내관 12부는 왕실과 관계된 일과 왕명 출납을 맡은 전내부, 곡물과 육류에 관련된 일을 맡은 곡부와 육부, 왕실의 창고 일을 맡은 내경부와 외경부, 왕실과 궁궐에서 쓰는 말을 관리하는 마부, 궁 안에 있는 무기를 관리하는 도부, 불교 사원을 관리하는 공덕부, 약을 만들고 병을 치료하는 약부, 궁궐과 왕실에 쓰이는 목재를 관리하는 목부, 의장 및 율령을 맡은 법부, 왕의 후궁과 궁녀에 관계되는 일을 맡은 후궁부 등입니다.

　외관 10부는 군사와 병마를 맡은 사군부, 교육을 맡은 사도부, 재정을 맡은 사공부, 형벌을 맡은 공관부, 호구 및 일꾼을 모으는 일을 맡은 점구부, 사신 접대를 맡은 객부, 관료의 인사를 맡은 외사부, 직물 만드는 일을 맡은 주부, 천문에 관계된 일을 맡은 일관부, 시장과 도시 사이의 무역을 맡은 도시부 등입니다.

　하지만 내관과 외관의 22부는 시대와 상황에 따라 신축적으로 운영되어 부서의 숫자 또한 굳어지지 않았을 것입니다.

　지방의 22담로제는 방향부 체제가 사라지고 6좌평 16관등제가 시작된 뒤인 근초고왕 때 세워진 것으로 여겨지지요.

하지만 고이왕 때 중앙 집권화를 꾀하기 위해 좌평 제도를 실시한 점을 생각할 때, 이미 고이왕이 그 뼈대를 마련한 것으로 보입니다.

《양서》 백제전에는 '읍을 일러 담로라 하는데, 중국의 군현과 같은 말이다. 그 나라에는 22개의 담로가 있는데, 모두 자제와 종족을 나누어 살게 했다.'라고 실려 있습니다. 이는 담로가 백제의 지방 통치 조직이었음을 알려 주지요.

담로에 파견된 지방관은 대부분 왕족이거나 힘 있는 귀족이었습니다. 이는 담로가 중앙 집권화의 기초가 되었다는 뜻이지요.

담로 제도는 성왕 때 큰 변화를 겪습니다. 성왕은 전국을 크게 동서남북중의 5방으로 나누고 그 아래 군과 성과 현을 두었지요.

방의 중심지 치소를 '방성'이라 하고, 방성의 장관을 '방령'이라 했는데, 대부분 달솔 품계를 가진 사람이 방성의 성주가 되었습니다. 5방이 관할하는 각 군에는 군장이 있었고, 그들은 대부분 덕솔 품계를 가지고 있었습니다.

군 안에는 다시 여러 성이 있는데, 이들 성은 군장과 방령의 명령에 따라야 했습니다. 성 가운데에서 규모가 크고 인구가 많아 독립적인 조직이 필요한 성에 현을 세웠지요.

성왕 때 백제 땅에는 모두 37개의 군이 세워졌고, 현은 200~250개였습니다. 《삼국사기》에는 백제가 멸망할 때 인구가 76만 호라고 쓰여 있고, 《당평백제국비명》에는 24만 호에 620만 명으로 쓰여 있습니다. 그러나 《삼국유사》에는 백제 전성기 때 호수가 15만 2,300호라고 되어 있는데, 어느 기록이 정확한지 알 수 없습니다.

제19대 구이신왕실록

권력을 갖지 못한 구이신왕

어린 구이신왕의 불행과 팔수태후

구이신왕은 전지왕의 맏아들이며 어머니는 팔수 왕비다. 그는 전지왕이 왜국에서 돌아와 혈례의 반란 때문에 섬에 머물렀던 405년에 태어났으며, 420년 전지왕이 세상을 떠나자 16세의 어린 나이로 왕위에 올랐다. 구이신왕이 어렸기 때문에 사실상 왕권을 쥔 사람은 팔수태후였다.

팔수태후는 전지왕이 왜국에 있을 때 결혼한 왜국의 공주였다. 그녀가 어린 구이신왕을 대신해 왕권을 가지면서 백제는 혼란에 빠졌다.

"목만치를 불러들여 함께 행복을 누리리라."

팔수태후는 권력을 쥐자 '목만치'라는 사람을 백제의 궁으로 불러들였다. 목만치에 대해서 《일본서기》[1]에 다음과 같이 쓰여 있다.

> 《백제기》에 따르면, 목만치는 목라근자가 신라를 토벌할 때 그 나라 부인에게서 낳은 사람이다. 아버지의 공에 기대 임나를 마음대로 했다.

목만치는 일본 사람인 아버지와 신라 사람인 어머니 사이에서 태어났다. 그리고 아버지의 권력을 등에 업고 임나 지역을 손에 쥐고 있었다.

목만치는 팔수태후의 부름을 받고 백제 조정에 들어와서 나랏일을 자기 마음대로 했다.

"백제가 목만치의 손에 떨어졌구나."

"목만치가 하늘 무서운 줄 모르고 행패를 부리니 이 나라가 어떻게 되려는가?"

백제의 조정 신하와 백성

1. 《일본서기》
일본 신화 시대부터의 역사를 기록한 책이다. 황당한 내용이 많아 역사책으로서 믿음이 가지 않지만 우리나라의 삼국 역사에 대해 많은 것을 알려 주고 있다.

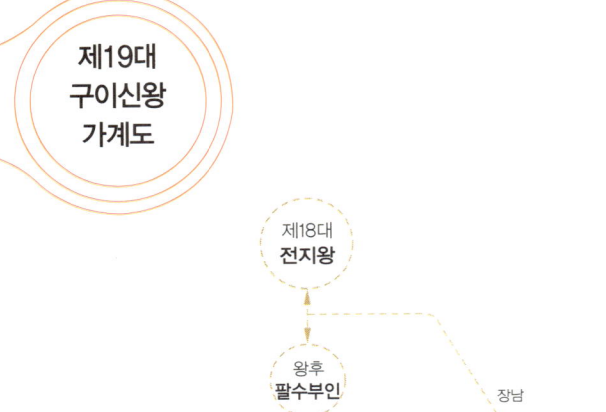

들 사이에는 이런 불만의 목소리들이 널리 퍼졌다. 그만큼 목만치가 예의 없이 굴고 나랏일에 마음대로 끼어들었던 것이다. 목만치가 이렇게 할 수 있었던 것은 팔수태후와 사랑하는 사이였기 때문이다.

하지만 팔수태후와 목만치의 횡포는 오래가지 못했다. 나중에 목만치가 어떻게 되었는지는 《일본서기》에 다음과 같이 쓰여 있다.

응신천황 25년에 백제의 직지왕(전지왕)이 죽었다.

곧바로 그의 아들 구이신왕이 왕위에 올랐다.

왕은 어렸으므로 목만치가 나랏일을 맡았다.

그가 예의 없이 행동한다는 말을 듣고 천황이 그를 불러들였다.

이 기록에 따르면 목만치는 왜왕에 의해 왜국으로 끌려간 셈이다. 하지만 사실은 백제 사람들이 그를 쫓아낸 것이었다.

《삼국사기》에는 구이신왕이 세상을 떠나고 왕위에 오른 비유왕에 대해 '외모가 뛰어나고 말을 잘해 사람들이 따르고 귀하게 여겼다.' 라고 쓰여 있다.

비유왕을 따르는 사람들이 많았다는 것은 그가 세력을 키워 목만치에게 맞섰다는 뜻이다. 다시 말해 비유왕이 군사를 일으켜 팔수태후와 목만치를 쫓아낸 것이다. 왜왕이 그들의 목숨을 보호하기 위해 데려갔음을 짐작할 수 있다.

이런 가운데 구이신왕은 왕위에 오른 지 7년 9개월 만에 이유를 알 수 없는 죽음을 맞이했고 왕위는 비유왕에게 넘어갔다.

제20대 비유왕실록

주변 나라들과 화친을 맺은 비유왕

비유왕시대의 세계 약사

중국에서는 남송, 북연, 북위, 북량이 대륙의 패권을 다투고 있었다. 436년에 북위가 북연을 멸망시키고, 439년에는 북량마저 멸망시키고 통일했다. 이로써 중국은 남쪽에는 송, 북쪽에는 위가 서로 맞서면서 남북조시대를 열었다.
서양에서는 로마가 동서로 나눠진 가운데 서쪽에서는 반달족, 훈족, 핀족, 앵글로색슨족 등이 서로마 제국을 위협하고 있었다. 동로마에서는 황제 테오도시우스 2세가 기독교 책을 불태우는 등 기독교를 탄압하다가 죽음을 맞이했다.

비유왕과 나제 동맹

비유왕은 전지왕과 왕후 해씨 사이에서 태어났다. 전지왕이 세상을 떠나고 어린 구이신왕이 왕위에 오른 뒤 팔수태후가 정권을 쥐고 목만치를 불러들여 조정을 어지럽히자 해씨 세력의 힘에 기대 목만치를 몰아냈다. 그리고 그 와중에 세상을 떠난 구이신왕에 이어 427년 12월 왕위에 올랐다.

"온 나라를 돌아보며 백성들에게 곡식을 나누어 주리라."

비유왕은 왕위에 오르자마자 전국을 돌며 곡식을 나누어 주었다. 이는 목만치와 팔수태후 때문에 어지러워진 민심을 달래기 위해서였다. 또한 정식으로 왕위를 이어받지 않고 목만치를 몰아내고 왕이 되었기 때문에 반발 세력을 달래려는 목적도 있었다.

구이신왕 시절에 백제는 나라 안이 혼란스러워 나라 밖을 살피지 못했다. 그래서 비유왕은 외교 관계에 신경 썼다.

"지금 우리나라는 외교를 어떻게 해야 하겠는가?"

비유왕이 묻자 신하들이 대답했다.

"우리나라의 적국은 오직 고구려입니다. 주변 나라들과 화친을 맺어 고구려에 맞서야 합니다."

"과인의 생각도 그러하다. 지금 중원 대륙에서는 송(남송)[1]이 강한 세력을 이루고 있으니 송나라와 가까이 지내야 할 것이다. 또한 왜, 가야와도 계속 가까이 지내야 할 것이다."

비유왕은 백제가 해 오던 대로 대륙의 큰 나라와 왜, 가야 등과 화친을 계속 맺으려고 했다.

"신라와도 새로 화친을 맺어 고구려를 뺀 모든 나라를 우리 편으로 만들어야 한다."

본래 신라는 고구려와 동맹을 맺고 있어서 백제와 사이가 좋지 않았다. 하지만 신라도 언제까지나 고구려에게 묶여 있을 수는 없었다. 고구려가 점점 남쪽으로 영토를 넓히려고 신라마저 위협하고 있었기 때문이다.

비유왕은 이런 사정을 알고 433년 신라의 눌지왕에게 사신을 보내 화친을 제안했다. 눌지왕이 이 제안을 받아들여 신라와 백제의 동맹(나제 동맹)이 맺어졌다. 비유왕은 434년 2월 신라에 좋은 말 두 필을 선물했으며, 9월에는 흰 매를 보냈다. 그러자 신라도 황금과 구슬로 답례했다.

신라가 백제와 동맹을 맺었다는 것은 곧 고구려에 맞선다는

1. 송

중국 남북조시대의 왕조(420~478)다. 동진의 장수였던 유유가 세운 나라로 '유송'이라고도 부른다.

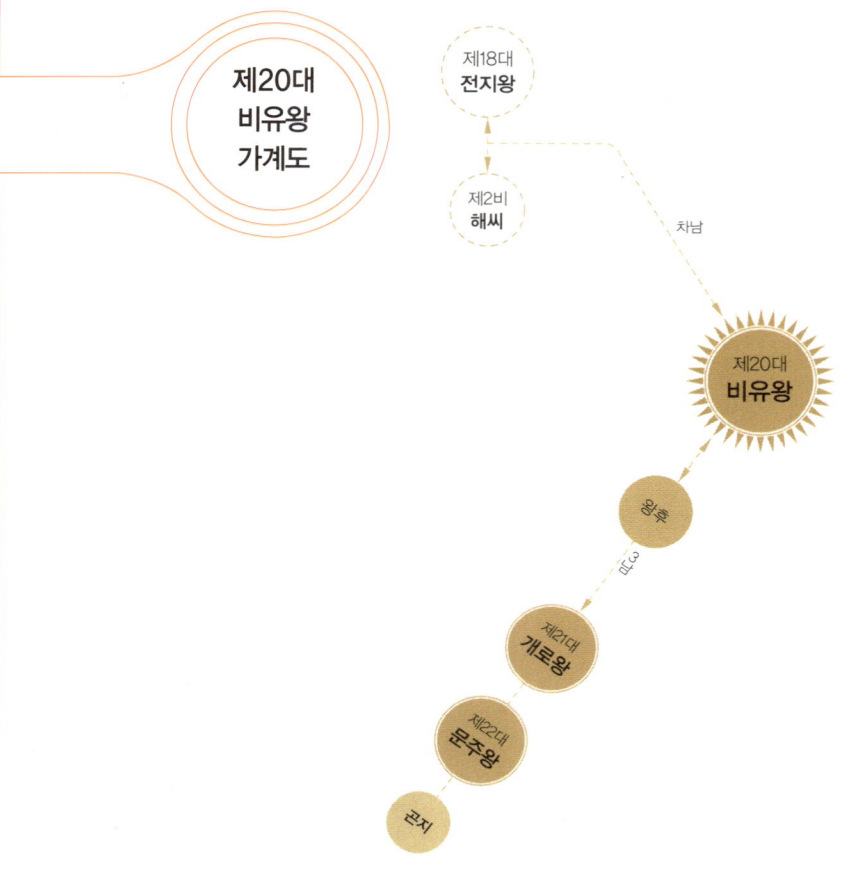

뜻이었다. 그 대표적인 사건이 450년 7월에 일어났다.

당시 고구려 장수 한 명이 신라 땅 실직(삼척)에서 사냥을 하고 있었다. 그 이전까지 고구려와 신라는 동맹 관계였고, 더구나 신라가 고구려에 기대고 있었기 때문에 고구려 장수가 신라 땅에 들어와 마음대로 사냥을 하곤 했다.

하지만 백제와 동맹을 맺을 무렵에는 그런 고구려 장수를 보는 눈길이 곱지 않았다.

"남의 땅에 들어와 마음대로 사냥하는 저자를 당장 처단해라."

신라의 하슬라(강릉) 성주는 사냥하고 있던 고구려 장수를 죽이고 말았다. 이 소식을 들은 고구려의 장수왕은 화가 머리끝까지 치솟았다.

"선왕(광개토왕)께서 신라를 구해 주었건만 은혜도 모르고 나의 장수를 함부로 죽일 수 있단 말인가? 당장 신라에 사신을 보내 신라 왕에게 호통치고 군사들을 동원해 공격하도록 하라."

고구려가 강하게 나오자 눌지왕은 한발 뒤로 물러나 장수왕에게 사과해 군사를 물리게 했다. 하지만 고구려와 신라의 관계는 예전처럼 좋아지지 않았다.

고구려는 454년에 신라의 북쪽 국경을 쳐들어갔고, 455년에는 백제를 공격했다. 그러자 신라는 군사를 보내 백제를 도왔다. 이로써 신라와 백제는 고구려에 맞서 튼튼한 동맹 관계를 맺었음을 온 세상에 내보이게 되었다.

비유왕은 고구려에 맞서 신라와 동맹을 맺는 데 성공한 즈음에 갑자기 세상을 떠났다. 455년 9월의 일이었다. 그런데 이상하게도 비유왕의 시신은 들판에 아무렇게나 묻혀 있었다. 이는 그 무렵 백제에서 반란이 일어났음을 짐작케 한다. 그의 시신은 개로왕 21년에 이르러서야 겨우 왕릉으로 옮겨졌다.

제21대 개로왕실록

비참하게 죽음을 당한 개로왕

어지러운 상황에서 왕위에 오른 개로왕

개로왕은 비유왕의 맏아들로 근개루왕이라고도 불렸으며, 이름은 '경사'다. 455년 9월 비유왕이 속사정을 알 수 없는 반란으로 세상을 떠나자 개로왕이 왕위를 이어받았다.

개로왕이 왕위를 이어받을 당시 백제는 몹시 혼란스러웠다. 《삼국사기》에는 이 시기에 대해 다음과 같이 기록하고 있다.

> 검은 용이 한강에 나타났는데,
> 잠시 구름과 안개가 덮어 어두워지자 날아갔다.

용이 나타났다는 것은 사실이 아니라 어떤 사태를 비유해 적

개로왕시대의 세계 약사

중국은 남북조시대로 접어들어 남과 북이 각각 하나의 왕조를 이루고 있었다. 하지만 북위가 왕권이 안정되어 있던 데 비해 남송은 반란과 반정이 되풀이되고, 황제가 바뀌는 등 혼란을 겪고 있었다.
서양에서는 로마가 동서로 나뉘진 가운데 서로마는 465년 황제 세베루스가 세상을 떠나자, 리키메르가 황제를 세우지 않고 서로마를 손에 넣었다. 그 뒤 476년 게르만족 용병 대장 오도아케르가 황제를 폐함으로써 서로마는 멸망하고 말았다.

은 것이다. 흔히 왕의 자리를 두고 다투는 상황을 '용이 나타났다.'고 표현한다. 비유왕 말기에 반란이 일어났다는 것이다.

《삼국사기》에는 비유왕에 대해 다음과 같은 기록이 있다.

> 선왕(비유왕)의 해골이 들판에 가매장되어 있으며…….

이는 비유왕이 반란에 의해 죽음을 당했고 시신마저 들판에 내버려졌다는 뜻이다. 이 시신은 개로왕 21년에 이르러서야 비로소 왕릉으로 옮겨지니 개로왕 또한 왕위에 오른 뒤 제대로 권력을 쥐지 못했음을 알 수 있다.

개로왕이 왕위에 올라 자리를 잡을 무렵인 468년 2월에 고구려는 말갈 병사 1만 명으로 하여금 신라의 실직(삼척)성을 공격하게 해 빼앗았다.

이에 개로왕은 상당한 위협을 느꼈다.

"고구려가 신라를 쳤으니 곧 우리를 칠 것인데, 어찌해야 하는가?"

개로왕의 걱정 어린 말에 신하들이 대답했다.

"우리가 고구려를 먼저 공격해 저들이 함부로 날뛰지 못하도록 하시옵소서."

개로왕은 이 말을 받아들여 469년 8월에 고구려의 남쪽 지역을 공격했지만 별 다른 성과를 거두지 못했다.

"쌍현성을 튼튼하게 짓고 청목령에는 큰 나무 울타리를 세워 고구려의 침입에 대비하라."

1. 북위
선비족이 중국 화북 지역에 세운 왕조(386~534)다. 한족의 문화를 받아들였으나 귀족 세력이 다투는 바람에 동위와 서위로 나누어지며 무너졌다.

고구려의 반격을 두려워한 개로왕은 방어 준비를 했지만 이것으로 마음이 놓이지 않았다. 고구려의 장수왕은 백제를 치고 남쪽으로 영토를 넓힐 기회를 엿보고 있었기 때문이다.

"고구려가 호시탐탐 우리 땅을 쳐들어오려고 하니 이를 막을 좋은 방법이 없겠는가?"

개로왕의 물음에 신하들이 대답했다.

"예부터 적과 맞서기 위해서는 적의 적을 이용하라고 했습니다. 지금 대륙에는 북위[1](위나라)가 힘을 키워 고구려와 신경전을 벌이고 있으니 위에 사신을 보내 함께 고구려를 치자고 하는 것이 어떻겠습니까?"

그러자 개로왕이 고개를 끄덕였다.

"좋은 생각이오. 당장 사신을 보내 고구려를 양쪽에서 함께 공격하자고 하시오."

그리하여 472년에 백제는 북위에 사신을 보내 고구려를 공격하자고 했다. 북위는 고구려와 전쟁을 하지 않았지만 언제나 고구려가 신경 쓰였기 때문에 백제의 제안을 매우 반겼다. 그래서 북위의 왕은 백제와 뜻을 함께하겠다는 내용의 편지를 써서 사신을 보냈다.

하지만 이 사신은 백제에 다다르지 못했다. 북위와 백제가 손잡으려 한다는 사실을 눈치 챈 고구려의 장수왕이 도중에 손을 써서 사신이 도착하지 못하게 했기 때문이다.

그 뒤 북위의 사신은 고구려를 피해 바닷길로 백제에 들어가려 했으나, 이때 풍랑을 만나 백제에 다다르지 못했다.

개로왕은 북위에 편지를 보낸 뒤 아무런 답장을 받지 못하자 북위가 백제의 제안을 받아들이지 않았다고 생각했다. 그리고 더 이상 사신을 보내지 않았으니, 이는 결국 백제의 비참한 운명으로 이어지게 되었다.

첩자 도림과 개로왕의 비참한 죽음

북위와 백제가 손잡는 것을 방해한 장수왕은 백제의 한성을 공격해 완전히 무너뜨릴 계획을 세우고 있었다. 하지만 섣불리 행동에 나서지 않고 신중하게 기회를 엿보았다.

'싸움은 상대방을 가장 약하게 만들어 놓은 뒤 가장 유리한 입장에서 벌여야 한다. 첩자를 보내 백제를 어지럽힌 뒤 백성들이 백제 왕실을 원망하게 만들어야 한다. 첩자로 누구를 보내면 좋을까?'

장수왕이 이런 고민에 빠져 있을 때 '도림'이라는 승려가 장수왕을 찾아왔다.

"나라의 은혜에 보답하고자 하니 저를 써 주십시오."

"그대가 백제에 가서 백제 왕실을 어지럽힐 수 있단 말이오?"

"그렇습니다. 백제 왕은 바둑이라면 사족을 못 쓸 만큼 좋아한다고 하는데, 제가 바둑 실력이 뛰어나니 그 재주를 이용해 볼까 합니다."

장수왕은 도림을 고구려에서 도망친 사람으로 꾸며 백제로 보냈다. 도림은 백제에 들어가자마자 개로왕에게 글을 올렸다.

'제가 어려서부터 바둑을 배워 높은 경지에 올랐으니, 바둑으로 대왕께 기쁨을 드리고자 합니다.'

이 글을 읽은 개로왕은 매우 반가워하며 도림을 궁으로 불러들여 바둑 실력을 직접 알아보았다. 과연 도림의 바둑 실력은 보통이 아니었다. 개로왕은 그때부터 도림을 궁에 머물게 한 뒤 친절하게 대해 주었다. 도림의 바둑 실력을 어찌나 좋아했던지 이렇게 말하기도 했다.

"과인이 그대를 늦게 만난 것이 안타깝도다. 그대가 나에게

이토록 큰 즐거움을 주니 그 고마움을 어찌 말해야 할까?"

도림은 개로왕이 자신을 아껴 주자 어느 날 개로왕에게 넌지시 말했다.

"저를 이렇게 아껴 주시니 대왕께 이익이 되는 말씀을 올릴까 합니다."

"말해 보라. 정말로 이로운 일이라면 내가 반드시 들어주리라."

그러자 도림은 이미 준비한 대로 말을 쏟아 냈다.

"대왕의 나라는 이웃 나라들이 감히 넘보지 못할 요새이고 세상 사람들이 대왕의 나라를 우러러보고 있습니다. 그런데 궁궐이 초라하고 선왕(비유왕)은 들판에 애처롭게 버려져 있으니 이는 대왕께 어울리지 않습니다."

개로왕은 기분이 좋아져서 크게 웃으며 말했다.

"그대의 뜻대로 하리다. 궁궐을 크고 화려하게 짓고 선왕(비유왕)을 웅장한 묘에 모시도록 하리다."

개로왕은 신하와 백성들에게 명령을 내려 큰 공사를 벌였다. 농사짓기에도 바쁜 백성들이 날마다 흙을 굽고 돌을 날랐으며 궁궐과 왕릉을 만드는 일에 동원되었다. 그러자 나라 살림은 거덜 나고 백성들은 점점 굶주림에 허덕이게 되었다. 신하와 백성들은 개로왕을 원망하며 고통스러워했다.

이때 도림은 슬며시 고구려로 돌아가 장수왕에게 백제의 사정을 알려 주었다.

"드디어 때가 왔다. 백제의 한성을 치고 지난날 우리 선조를

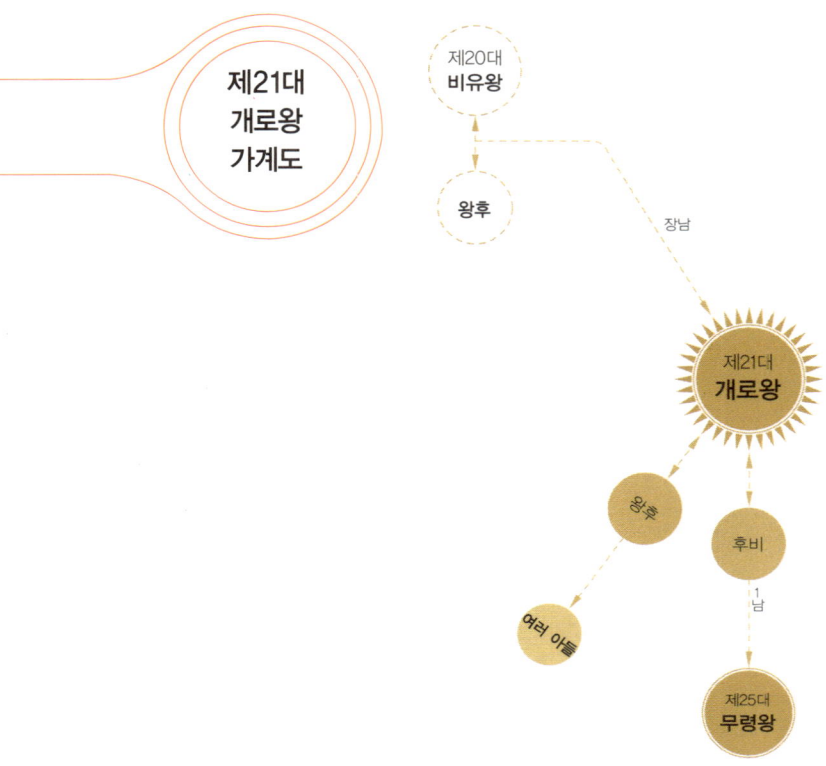

욕보인 원수를 갚아 주자."

도림의 말을 들은 장수왕은 475년 9월 3만 명의 군사를 이끌고 마침내 백제로 쳐들어갔다. 갑작스런 고구려의 공격에 백제군은 제대로 맞서 보지도 못하고 눈 깜짝할 사이에 무너졌으며 열흘도 안 되어 궁궐까지 내주게 되었다.

"아아, 내가 어리석었구나. 간사한 자의 말을 따르다가 나라를 망쳐 놓았구나."

아차산성

삼국시대 산성이다. 고구려 군에게 붙잡힌 개로왕은 이곳으로 끌려와 죽음을 당했다.

서울시 광진구 광장동

　개로왕은 한숨을 쉬며 자신을 탓했지만 이미 때는 늦었다. 그래도 개로왕은 백제의 앞날을 위해 왕실만은 지키려 했다. 그는 상좌평으로 있던 아우 문주를 불러 말했다.

　"나는 나라를 위해 여기에서 죽을 것이다. 하지만 너는 곧장 신라로 도망갔다가 앞으로 왕실을 다시 세우도록 해라."

　개로왕은 동생 문주에게 백제 왕실을 부탁한 뒤 궁을 점령한 고구려 군에게 붙잡혔다. 그를 붙잡은 사람은 '재증걸루'라는 장수로 백제에서 도망친 사람이었다.

　개로왕은 장수왕 앞에 끌려가 죄인 취급을 당한 뒤 목이 잘려 죽었다. 장수왕은 개로왕의 시신을 백제에 돌려주지 않았다. 개로왕은 백제 왕들 가운데에서 가장 비참한 죽음을 당했다.

제22대 문주왕실록

귀족 세력에 짓눌린 문주왕

위기의 백제와 도읍을 옮긴 문주왕

문주왕은 비유왕의 둘째 아들이며 개로왕의 아우다. 그는 475년 9월 장수왕이 군사 3만 명을 이끌고 한성에 쳐들어왔을 때 백제의 상좌평으로 있었다.

문주는 개로왕으로부터 왕실을 다시 세우라는 명령을 받고 신라로 가서 도움을 청했다.

"고구려 군이 쳐들어와 백제가 위기에 빠졌습니다. 군사를 내어 도와주시기 바랍니다."

신라의 자비왕¹은 군사 1만 명을 주어 문주를 돕게 했다.

하지만 문주가 신라 군과 함께 백제로 돌아왔을 때 한성은 이미 쑥대밭이 되고 개로왕도 죽고 난 뒤였다. 비록 고구려 군은 떠나고 없었지만 언제 다시 쳐들어올지 알 수 없는 상황이

1. 자비왕 (?~479)
눌지왕의 맏아들로 신라 제20대 왕(재위 기간 458~479)이다. 수차례 왜군이 쳐들어왔으나 그때마다 무찔러 신라의 위상을 크게 높였다.

었다.

"도성은 불타고 군사는 무너졌구나. 도성을 옮겨 나라와 왕실을 보존할 수밖에 없구나."

문주왕은 별수 없이 도성을 웅진(공주)으로 옮겼다. 이로써 기원전 6년 이후 약 500년 동안 지속됐던 한성 시대는 끝났다.

문주왕은 한강 이북의 백성을 옮겨 살게 하고 남송에 사신을 보내 고구려의 위협으로부터 조금이라도 벗어나려 했다. 하지만 고구려 해군이 바닷길을 차지하고 있는 바람에 남송에 사신도 보내지 못했다.

"도읍을 옮겨 왕실을 보존했지만 백성들은 왕실을 믿지 않고 조정 신하들은 나를 깔보고 있으니 참으로 통탄스럽도다."

문주왕이 탄식한 것처럼 백제 왕실의 위상은 땅바닥에 떨어져 있었다. 다행히 재위 3년 만인 477년 2월 웅진에 궁궐이 만

송산리 고분군

백제가 웅진에 도읍을 정했던 시기에 나라를 다스렸던 왕들의 무덤이 있는 곳이다. 문주왕, 삼근왕, 동성왕, 무령왕, 성왕 등 모두 7기가 전해진다.

충청남도 공주시

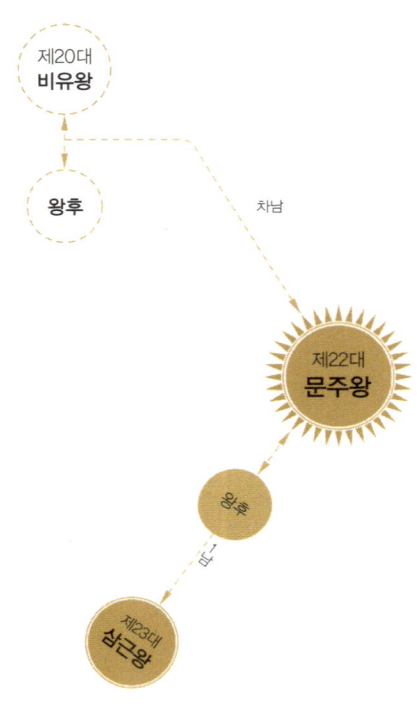

들여져 왕실의 위상을 되찾을 기회를 얻었다.

"곤지를 내신좌평에 임명하고 임걸 왕자를 태자로 책봉하노라."

궁궐이 지어지자 문주왕은 자신의 동생 곤지를 내신좌평에 임명해 귀족 세력을 견제하려 했다. 그때 강한 권력을 가지고 있던 귀족은 해씨 가문이었다. 문주왕은 곤지를 내세워 해씨 세력을 누르려 했을 것이다.

하지만 곤지는 내신좌평에 오른 지 몇 달 되지 않아 세상을 떠났다. 자세한 기록은 없지만 해씨 세력에 의해 죽은 것으로 보인다. 《삼국사기》에는 이를 뒷받침하는 기록이 있다.

> 3년 8월, 병관좌평 해구가 마음대로 권력을 행사해 법질서를 어지럽히고 임금을 가볍게 보았으나 왕은 이를 막지 못했다.

위 기록처럼 문주왕은 해씨 세력에게 짓눌려 힘도 쓰지 못하는 허수아비 왕이었다. 그리고 477년 9월에는 사냥을 나갔다가 해구가 보낸 도적들에게 죽음을 당했다. 왕위는 태자 임걸(삼근왕)에게 이어졌지만 세상은 해씨 세력 것이 되었다.

제23대 삼근왕실록

세 근짜리 어린 왕 삼근왕

어린 나이로 왕위에 오르다

　　　　　　삼근왕은 문주왕의 맏아들로 465년에 태어났다. 477년 4월 태자에 책봉되었고, 477년 9월 문주왕이 해구에게 죽음을 당하자 13세의 어린 나이로 왕위에 올랐다.

　하지만 모든 권력은 병관좌평 해구의 손에 있었다. 삼근왕은 아무런 권한도 가지지 못했고, 백제 조정은 해씨 세력이 완전히 틀어쥐었다.

　이런 해씨 세력에게 쏟아지는 백성들의 불만은 날로 커졌다.

　"해씨가 힘이 있다고는 하지만 고구려 군에 맞서 나라도 지키지 못한 자들이지 않은가?"

　"나라는 지키지 못하고 왕을 죽여 권력을 쥔 해씨 귀족은 분명히 천벌을 받을 거야."

　백성들의 불만이 쏟아지는 가운데 다른 귀족 세력들도 해씨 세력을 곱게 보지 않았다. 그 가운데에서도 가장 강하게 반발한 이들은 진씨 세력이었다.

　'해씨 가문에게서 민심이 돌아선 지금, 우리 가문이 다시 일어설 때다.'

　이렇게 생각하며 군사를 일으킨 사람은 진씨 세력의 우두머리인 좌평 진남이었다. 그는 478년 2월 군사 2,000명을 일으켜 궁을 손에 넣었다.

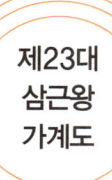
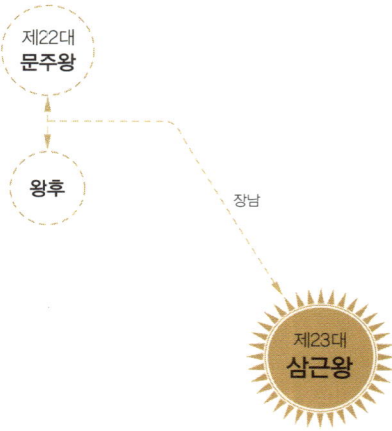

"진남이 궁궐을 차지했으니 잠시 몸을 피해 반격을 준비해야겠다."

다급해진 해구는 대두성(지금의 충청남도 공주시 무성산성)으로 달아나 반격의 기회를 노렸다. 하지만 민심을 잃고 있었던 해씨 세력은 궁궐에서 밀려나자 다시 힘을 모을 수 없었다.

"대두성을 무너뜨려 나라를 어지럽힌 해구를 잡아 죽여라."

진남은 정예병 500명을 보내 대두성을 쳤고 해구를 죽이는 데 성공했다.

어린 삼근왕은 이런 상황에서 아무런 힘도 쓰지 못하고 그저 두려움에 떨며 구경만 해야 했다. 그리고 진남이 해씨 세력을 몰아낸 이듬해 11월에 15세의 어린 나이로 세상을 떠났다. 나이도 어린 그가 갑자기 세상을 떠난 것은 권력을 쥔 진씨 세력에 의해 죽음을 당한 것으로 보인다.

제24대 동성왕실록

위기에 빠진 백제를 일으켜 세운 동성왕

동성왕시대의 세계 약사

중국에서는 남송의 소도성이 479년에 송 황실을 폐하고 남제를 세웠다. 또 북위는 거란을 굴복시켜 세력을 넓혔다. 남제는 황실이 어지럽고 정권 다툼이 잦아 502년에 수비 대장을 맡고 있던 소연에 의해 멸망했다.
서양에서는 486년에 정식으로 프랑크 왕국이 세워졌다. 489년에 동고트 왕 테오도리쿠스가 이탈리아를 쳐들어갔고, 이듬해에는 서고트의 도움을 받아 이탈리아의 오도아케르를 무찔렀다. 그리고 493년에는 오도아케르를 죽이고 동고트 왕국을 세웠다.

왜에서 건너와 왕위에 오른 동성왕

해구를 죽이고 권력을 쥔 진씨 세력은 삼근왕을 몰아내고 자신들과 뜻이 맞는 사람을 새 왕으로 세울 생각을 했다.

"나라를 어지럽힌 해구를 죽였으나 나라는 여전히 위태로우니 어찌해야 하겠습니까?"

"나라가 위태로운 것은 왕실이 허약하기 때문입니다. 왕을 새로 세워야 합니다."

"그렇습니다. 어린 삼근왕으로는 지금처럼 어려운 시기를 헤쳐 나갈 수 없습니다."

이렇게 의논한 그들이 새 왕으로 선택한 사람은 모대였다. 모대는 문주왕의 아우인 곤지의 아들이었다. 본래 곤지는 개로왕 7년 왜에 가서 외교를 맡은 적이 있었는데 그 뒤로 곤지의 아들인 모대는 왜에 머무르고 있었다. 곤지는 해씨 세력과 싸우다 죽었기 때문에 진씨 세력과 가까운 사이였고 그래서 진씨 세력은 모대를 왕으로 세우려 했다.

《삼국사기》에는 모대에 대해 '대단히 용감하고 활을 잘 쏘아 백발백중이었다.' 라고 기록하고 있다.

이것으로 보아 모대는 왕위에 오를 무렵 20대 초반의 용감한 젊은이였던 것으로 생각된다.

"왜에 있는 모대를 백제로 데려와야겠습니다."

"왕실의 혈통인 모대가 총명하고 우리와 뜻이 맞으니 그가 제격입니다."

이렇게 결정한 진씨 세력은 왜에서 모대를 불러들였고 모대는 478년 4월 백제로 돌아왔다.

하지만 진씨 세력과 손잡은 모대가 왕위에 오르기 위해서는 하나의 장애물을 넘어야 했다. 15세의 어린 나이로 아무런 힘도 없었지만 삼근왕이 버젓이 살아 있었던 것이다.

역사에는 삼근왕이 어떻게 세상을 떠났는지 자세히 기록되어 있지 않다. 하지만 그 과정은 어렵지 않게 추측해 볼 수 있다. 모대와 진씨 세력이 손잡고 삼근왕을 없애 버린 것이다.

그렇게 해서 479년 11월 왕위에 오른 모대가 백제 제24대 동성왕이다. 그는 어리고 불쌍한 삼근왕을 죽이면서 역사 무대에 나타난 것이다.

백제를 다시 일으켜 세운 동성왕

　　　　　　　　　　동성왕 초기에는 백제 조정의 권력이 모조리 진씨 세력에게 가 있었다. 해구의 목을 친 진로가 동성왕 재위 19년까지 병관좌평에 머무르는 등 진씨 세력은 백제 조정의 주요 자리를 모두 차지하고 있었다. 동성왕 또한 진씨 세력의 힘으로 왕위에 올랐기 때문에 처음에는 이들을 어찌할 수 없었다.

　하지만 재위 19년에 진로가 세상을 떠나고 연돌을 병관좌평에 앉힌 뒤로 진씨 세력의 이름은 역사에 나타나지 않는다. 이는 이때부터 동성왕이 진씨 세력을 완전히 몰아내고 자신의 권력을 휘두르기 시작했음을 뜻한다.

　왕위에 오른 동성왕이 가장 힘을 기울인 것은 백제의 옛 명성을 되찾는 것이었다. 동성왕이 그렇게 결심하게끔 한 사건은 재위 4년 9월에 일어난 말갈의 침입이었다.

　"말갈이 한산성(남한산성)을 습격해 백성을 포로로 잡아갔습니다."

　이 소식을 듣고 동성왕은 두 주먹을 불끈 쥐었다.

　"말갈 따위에게 우리 백성을 내주는 처지가 되었단 말인가? 내가 직접 군사를 이끌고 가서 한산성을 지킬 것이다. 지금 비록 힘이 없어 말갈에게 복수하지는 못하지만 반드시 옛 명성을 되찾아 누구도 이 나라를 함부로 건드리지 못하게 하고야 말 것이다."

　이 사건이 있은 뒤로 동성왕은 궁궐을 고치고 성곽을 튼튼히 쌓았다. 그리고 군사를 훈련시켜 외적의 침입에 대비했다.

"옛 명성을 되찾기 위해서는 대륙의 우리 땅을 되찾아야 한다. 군사들로 하여금 대방 땅을 점령하게 하라."

군사력을 키워 가던 동성왕은 백제가 예전에 차지하고 있던 대방 땅(지금의 산동성 지역)을 되찾으려 했다. 그러자 선비족이 세운 북위가 가만히 있지 않았다. 북위는 고구려와 힘을 겨루던 강한 나라로 백제가 대방으로 나아가자 곧바로 공격했다.

"폐하, 위나라 군대가 쳐들어왔습니다."

이 소식을 들은 동성왕은 주저하지 않고 명령을 내렸다.

"장수 저근과 양무는 군사를 이끌고 가서 적들을 막아 내고 우리나라의 땅을 지켜라. 이는 이 나라의 위상을 다시 살리는 싸움이니 목숨을 다해 이기도록 하라."

488년 백제와 북위의 첫 번째 전투가 벌어졌다. 이 전투에서 백제 군은 북위의 군대를 막아 내는 데 성공했다. 그러자 북위는 490년에 다시 공격해 왔다.

"장수 사법명은 적들을 맞이해 저들에게 쓴맛을 보여 주도록 하라."

이때 쳐들어온 북위의 군대는 수십만 명의 정예 기병이었다. 하지만 동성왕의 명령을 받은 백제 장수 사법명 등이 이들을 보기 좋게 무찔러 북위 군은 수많은 군사를 잃은 채 비참하게 돌아가야 했다.

이 사건이 있은 뒤 백제의 힘은 더욱 강해졌다. 북방의 강한 나라인 북위의 정예 군대를 맞아 두 차례나 이겼다는 것은 백제의 군사력이 그만큼 강해졌다는 뜻이었다. 또한 백제가 북위를 물리친 것을 본 다른 나라들은 백제를 함부로 대할 수 없게 되었다.

백제의 힘이 다시 한 번 발휘된 것은 494년 고구려와의 싸움에서였다.

"고구려 군이 신라에 쳐들어와 견아성이 포위되었다고 합니다."

신라가 위기에 빠졌다는 소식을 들은 동성왕은 곧 군사들에게 명령했다.

"신라를 구하고 고구려 군을 무찔러라."

동성왕이 보낸 3,000명의 군사는 견아성을 에워싼 고구려 군을 무찔렀다. 그러자 이듬해 고구려가 백제의 치양성을 공격해 왔다. 이때 동성왕은 신라 군과 힘을 모아 고구려 군을 막아 냈다.

499년에는 이런 일도 있었다.

"탐라(제주도)가 백제를 섬겨 오다가 이제는 공납과 조세를 바치지 않고 있습니다."

이 말에 동성왕은 큰 소리로 외쳤다.

"백제의 위상이 하늘을 찌르는데 탐라가 겁도 없이 행동하는구나. 과인이 직접 군사를 이끌고 가서 혼내 주어야겠다."

동성왕은 직접 군대를 이끌고 탐라로 갔다. 탐라에서는 이 소식을 듣고 즉시 사신을 보내 잘못을 빌었다. 이때 동성왕이 직접 군사를 이끌고 나선 것은 자신의 권력이 강하다는 것을 온 세상에 내보이려는 행동이었다. 그는 백제의 옛 명성을 되찾고 왕권을 튼튼히 하는 데 성공했다.

하지만 이렇게 뜻을 이루고 나자 동성왕은 점점 행동이 거만해지고 사치스러워졌다.

"대궐 동쪽에 높은 누각을 세우고 그 주변에는 연못을 파서 귀한 짐승을 기르게 하라."

동성왕은 8미터 높이의 임류각을 세우고 사치스런 연못을 꾸몄다. 그때 백제에는 큰 가뭄이 들어 백성들이 굶주리고 있었다. 하지만 동성왕은 아랑곳하지 않고 대궐에서 술판을 벌이고 사냥을 다녔다.

제24대 동성왕 가계도

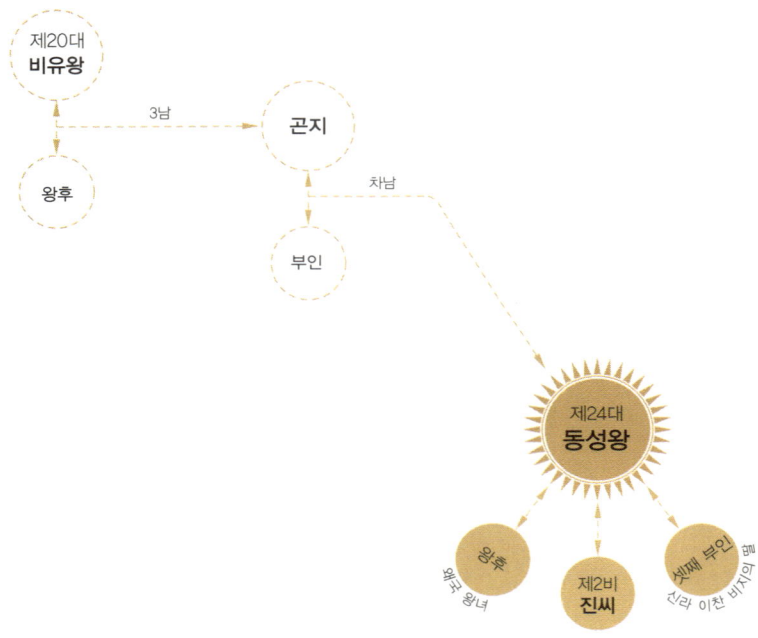

동성왕은 신라에 대해서도 거만하게 행동했다. 그러자 신라에서는 백제와 동맹을 끊고 백제를 공격하자는 말까지 나왔다. 그 때문에 동성왕은 신라의 침입에 대비해 나무 울타리를 세우고 성을 쌓아야 했다.

사치스런 행동을 멈추지 않던 동성왕은 501년 겨울에 사냥을 나갔다가 큰 눈에 길이 막혀 '마포촌'이라는 곳에 머무르게 되었다.

이때 '백가'라는 사람이 군사들을 모아 놓고 말했다.

"왕이 거만해 사치를 일삼으니 백성은 고통에 빠지고 나라는 날로 흔들리고 있다. 내가 용기를 내어 왕을 죽이고자 하니 너희는 나를 따라 큰일을 하는 데 나서라."

본래 백가는 위사좌평으로 있다가 동성왕에 의해 가림성으로 밀려난 인물이었다. 그는 이때부터 왕에게 원한을 품고 있다가 마침내 기회를 잡은 것이었다. 그리고 마포촌에서 동성왕을 죽이는 데 성공했다.

고구려에게 한성이 무너진 뒤 위기에 빠졌던 백제를 다시 일으켜 세운 동성왕은 이렇게 비참하게 죽음을 맞이했다. 501년 11월, 왕위에 오른 지 22년이 되는 때였다.

백제사 깊이 읽기

백제가 남긴 성곽에는 어떤 것이 있을까?

성곽은 쓰인 재료에 따라 토성과 석성으로 나눌 수 있는데, 우리나라 성곽은 대부분 석성입니다.

하지만 중국에는 토성이 많은데, 그 영향을 받아 백제에서 토성이 지어지기도 했습니다. 백제의 대표적인 토성은 서울 풍납토성과 몽촌토성입니다. 하지만 이 두 성은 크게 훼손되어 그 규모와 정확한 모습을 알아내지 못했지요.

성곽은 만들어진 목적과 기능에 따라 나눌 수 있습니다. 왕궁과 종묘사직을 지키기 위한 도성, 지방의 행정·경제·군사의 중심지인 읍성, 위급한 상황이 일어날 때를 대비해 방어용으로 쌓은 산성, 창고를 지키기 위해 만든 창성, 군사적으로 중요한 곳에 쌓고 군인이 머물던 진보, 왕이 행차할 때 잠깐 머물기 위해 만든 행재성, 국경과 요새에 쌓은 행성(또는 장성) 등이 있습니다.

중국의 성은 네모난 데 비해 우리나라의 성은 모양이 다양하고 굴곡이 많은 것이 특징입니다. 중국 기록에 부여의 성은 '모두 둥그렇게 쌓여 있어 감옥과 같다.', 고조선의 도성인 왕검성은 '매우 험하고 수비가 튼튼하다.'라고 되어 있습니다.

이는 중국의 성이 평평한 땅에 지어진 데 비해 우리나라의 성은 산을 끼고 지어져서 요새 기능을 갖췄다는 뜻입니다. 또한 험한 지역에 성을 만든 것은 공격보다는 막는 의미가 크다는 것을 알 수 있지요.

성곽 가운데에서 가장 중요한 곳은 왕이 머무는 도성입니

몽촌토성

현재까지 남아 있는 백제 초기의 성터인 몽촌토성의 모습이다.

서울시 송파구 방이동

다. 우리나라 고대 도성은 대부분 두 가지 모습인데, 첫째는 주변 산성이 왕성을 보조하는 형태이며, 두 번째는 내성과 외성이 함께 지어지는 형태입니다.

첫 번째 형태는 보통 4세기 이전에 지어진 도성들로, 고조선의 왕검성, 고구려의 환도성 및 국내성, 백제의 위례성 및 한성, 신라의 월성 및 금성이 해당됩니다. 이들 도성은 왕성이 위급해지면 주변에 있는 산성으로 피해 적을 막습니다. 백제 한성에는 주변에 한산성이 있고, 위례성에는 북한산성이 있어 그런 특징을 잘 말해 주지요.

4세기 이후에 나타나는 두 번째 형태, 다시 말해 왕성 주변에 직접 외성을 쌓은 것으로는 백제의 웅진성과 사비성이 대표적입

공산성

백제의 수도였던 공주를 지키기 위해 만들어진 산성이다. 뒤로는 금강이 흐르고, 앞으로는 높은 성벽이 있어 방어하기에 좋았다.

충청남도 공주시 산성동

니다.

 이러한 도성의 내외성 형태는 지방의 성곽 구조에도 영향을 미쳐 각 지역의 중심지는 대부분 내성과 외성으로 이루어졌습니다.

 우리나라 땅은 산악 지역이 많아서 특히 산성이 발달했는데, 지금 남아 있는 성곽 대부분이 산성입니다. 산성은 각 지역마다 적어도 서너 개는 있었고, 특히 접경 지역인 한강 북부에는 하나의 현에 10여 개씩 만들어지기도 했습니다. 접경 지역의 성곽은 늘 뺏고 빼앗기는 처지였기 때문에 이곳에는 고구려·백제·신라의 축조 양식이 함께 드러납니다.

 백제는 영토 안에 많은 산성을 쌓았지만, 망한 뒤 신라에 의해 다시 쌓아지거나 허물어져 대부분 터나 성곽의 일부만 남아 있습니다. 북한산성이나 남한산성도 처음에는 백제가 쌓았으나 신라·고려·조선을 거치면서 백제 사람들의 흔적은 점차 줄어들었지요.

그나마 원래 모습이 제대로 남아 있는 곳은 공주 공산성입니다. 충청남도 공주시 산성동에 있는 이 성은 대표적인 백제식 성곽으로 토축과 석축이 섞여 있는 토석 혼축 산성입니다. 전체 둘레는 약 2,200미터이고, 그 가운데 석축(돌로 쌓은 부분)이 약 1,810미터, 토축(흙으로 쌓은 부분)이 약 390미터이며 성벽은 2중으로 쌓여 있지요.

금강변 야산에 계곡을 둘러싼 포곡식 산성으로 동성왕 때 만들어진 것으로 여겨지며, 웅진으로 도읍을 옮기기 전에도 성책 시설이 있었던 것으로 보입니다.

제25대 무령왕실록

백제를 부흥시킨 무령왕

무령왕시대의 세계 약사

중국에서는 502년에 소연이 남제의 황실을 폐하고 양을 세웠으니, 이 사람이 바로 양나라 무제다. 무제는 504년 불교를 국교로 정하고, 주와 군에 학교를 세웠다. 505년 8월 북위가 양을 공격하자, 이때부터 두 나라는 패권 다툼을 일삼았다.
서양에서는 동로마와 페르시아가 맞섰다. 동로마에서는 518년 유스티니아누스 1세가 즉위해 황금기를 일구었다. 이때 영웅 서사시 〈베어울프〉, 〈아서 왕 이야기〉 등이 완성되었다.

무령왕의 출생에 얽힌 이야기

《삼국사기》에는 무령왕이 동성왕의 둘째 아들이라고 쓰여 있다.

하지만 동성왕은 백가에게 죽음을 당할 때 40대 중반이었고, 동성왕의 뒤를 이어 왕위에 오른 무령왕은 그때 이미 40세였기 때문에 이는 잘못된 기록이다.

무령왕의 출생에 대한 이야기는 《일본서기》에 실려 있는데, 무령왕을 개로왕의 아들로 기록하고 있다. 동시에 무령왕은 동성왕의 동생인 곤지의 아들이기도 한데, 여기에는 다음과 같은 이야기가 숨어 있다.

개로왕은 462년 4월에 동생 곤지를 불러 말했다.

"네가 왜에 건너가서 왜국의 힘을 얻어 와야겠다."

당시 개로왕은 왕권이 불안정했고 고구려의 위협을 받고 있었기 때문에 외교를 통해 왜의 힘을 빌리려고 했다.

하지만 곤지는 개로왕의 말을 곧이곧대로 받아들일 수 없었다. 그는 개로왕이 혹시나 자신을 왜로 보내는 척하면서 도중에 없애려는 것은 아닌지 의심했다. 그래서 개로왕에게 조건을 걸었다.

"제가 어찌 폐하의 뜻을 거스르겠습니까? 나에 대한 믿음의 표시로 왕비를 제게 주셨으면 합니다."

곤지가 가리킨 왕비는 당시 뱃속에 아기를 갖고 있었다. 그런 왕비를 자신에게 시집보내면 개로왕의 믿음이 확실한 것이고, 왕비를 주지 않겠다고 하면 왜에 가지 않으면 되는 일이었다.

하지만 개로왕은 곤지를 반드시 왜에 보내 외교를 해야 했다.

"네 뜻대로 해 주겠다. 그런데 부인이 지금 임신 중이니 가는 도중에 아이를 낳을 수도 있다. 만약 왜에 다다르기 전에 아이를 낳으면 부인과 아이를 내게 보내라."

곤지는 형의 부인을 아내로 맞아들이고 왜로 떠났다. 그리고 부인은 왜로 가는 길에 '각라도'라는 섬에서 아이를 낳았다. 이때 아이 이름을 '사마'라고 지었다.

부인이 아이를 낳자 곤지는 부인과 아이를 개로왕에게 돌려보내고 왜로 떠났다. 어차피 개로왕이 도중에 자신을 죽이지 않을까 하는 걱정 때문에 부인과 아이를 데려간 것이기 때문에

관 꾸미개

왼쪽은 왕, 오른쪽은 왕비의 왕관을 꾸몄던 금으로 만든 장식품이다. 각각 국보 제154호와 제155호로 지정되었으며 무령왕릉에서 출토되었다.

국립공주박물관 소장

그들을 개로왕에게 돌려보내는 데에는 아무런 문제가 없었다.

사마는 다시 곤지에게 보내져 왜에서 자랐고 곤지는 475년 개로왕이 세상을 떠나고 문주왕이 왕위에 올랐을 때 백제로 돌아왔다.

개로왕의 친아들이자 곤지의 양아들이라고 할 수 있는 사마는 동성왕이 왕위에 오를 무렵 백제로 돌아오기까지 계속 왜에서 지냈다.

사마가 세상에 이름을 널리 떨친 것은 동성왕이 백가에게 죽음을 당했을 때였다.

"폐하를 죽인 백가를 용서할 수 없다. 백가를 응징하고 왕실과 조정의 기강을 바로잡으리라."

사마가 이렇게 말하며 백가를 공격하자 백가는 스스로 나와서 항복했다.

백가는 동성왕의 사치와 거만을 두고 볼 수 없었을 뿐 권력을 차지할 생각은 아니었다. 사마는 항복한 백가의 목을 베어 백강(금강)에 던져 버렸다.

백가를 없앤 뒤 사마는 백성과 신하들 사이에서 신뢰를 얻었다. 그는 개로왕의 핏줄일 뿐만 아니라 동성왕의 동생이기도 했으므로 곧 왕위에 오를 수 있었다. 그가 백제 제25대 무령왕이며, 그의 이름 '사마'는 일본 역사에까지 흔적을 남길 만큼 영향력이 컸다.

백제를 강한 나라로 세운 무령왕

무령왕에 대해 《삼국사기》에는 다음과 같은 기록이 전한다.

> 키가 8척에, 눈매가 그림같이 잘생겼고,
> 인자하고 너그러워 백성들이 그를 따랐다.

위 기록은 무령왕이 군사를 이끌고 백가를 없앤 것이 우연이 아님을 말해 준다. 그는 기골이 장대한 장수로서 왕이 되기 전부터 이미 백제 군을 이끌고 있었다. 그리고 왕이 된 뒤에는 강대국 고구려에 맞서 힘 싸움을 벌였다.

"장수 우영은 군사 5,000명을 이끌고 가서 고구려의 수곡성

금제경식(목걸이)

무령왕릉에서 발견된 무령왕비의 목걸이로 매우 세련되고 정교한 마무리가 특징이다.

국립공주박물관 소장

을 공격하도록 하라. 저들이 선왕(동성왕)의 죽음을 알게 되면 분명히 우리를 치려 할 것이니 이를 막기 위해서는 우리가 먼저 공격해야 한다."

무령왕은 왕위에 오르자마자 이렇게 명령을 내리며 고구려에 적극 맞서기 시작했다. 이때 큰 성과를 거두지 못했지만 이듬해에 봄 가뭄으로 백제에 굶주림과 전염병이 돌자 또다시 고구려를 먼저 공격했다. 백제가 위태로울수록 먼저 공격함으로써 방어를 대신한 것에서 무령왕의 적극적이고 과감한 성격을 알 수 있다.

백제가 계속 공격해 오자 고구려도 가만히 있지 않았다. 고구려는 503년 3월에 말갈을 시켜 백제를 공격하게 했다. 506년 7월과 11월에도 고구려 군이 공격하자 무령왕은 단단히 대비하게 했다.

"고목성 남쪽에 나무 울타리를 튼튼하게 세우고 장령성을 쌓아 적의 침입에 대비하라."

고목성과 장령성은 말갈의 침입을 막는 방어벽이었다. 무령왕은 고구려가 말갈과 함께 다시 쳐들어오리라고 예상했다. 예상대로 고구려는 507년 10월 말갈과 함께 백제를 공격해 왔다. 하지만 무령왕의 강한 방어에 밀려 물러서야 했다.

하지만 512년 9월 고구려가 쳐들어왔을 때는 백제도 크게 당했다. 가불성을 빼앗기고 원산성도 무너졌다.

'고구려 군에게 성을 빼앗기고 병사들은 잔뜩 겁을 먹고 있으니, 이대로 가면 또다시 고구려에게 한성을 내줄지 모른다. 내가 직접 나서서 고구려 군을 무찌르고 병사들의 사기를 되살려 놓아야겠다.'

이렇게 결심한 무령왕은 기병 3,000명을 거느리고 나아가 고구려 군을 크게 무찔렀다. 왕이 직접 나서서 적을 무찌르자 백제 군의 사기는 다시 드높아졌으며, 고구려 군은 움츠러들어 한동안 백제에 쳐들어오지 못했다.

"15세 이상의 한수 이북 백성을 동원해 쌍현성을 쌓아 적의 침입에 철저히 대비하라."

523년에 무령왕은 한성으로 직접 나아가 쌍현성을 쌓게 했다. 이는 백제가 고구려에 전혀 무릎 꿇지 않고 당당히 맞섰다는 것을 증명한다.

무령왕 시대에 백제와 고구려가 자주 다툰 데에는 이유가 있다. 백제는 동성왕 이후 계속 영토를 넓히고 힘을 키우면서 고구려를 위협했기 때문이다. 백제가 고구려를 위협한 결정적인 사건은 백제가 섭라를 정복한 일이었다.

"고구려는 어찌하여 우리나라에 옥과 금을 보내다가 중단해서 과인을 분노하게 만드는가?"

이렇게 고구려를 원망한 사람은 북위의 황제였다. 당시 고구려는 북위와 무역을 하면서 옥과 금을 수출했는데, 이를 중단하자 북위에서 원망한 것이다.

1. 물길

6세기경 만주 지역에 살던 말갈족을 부르던 이름이다. 나중에는 여진으로 불렸으며 금나라, 청나라와 같은 강한 나라를 세우기도 했다.

여기에는 고구려의 곤란한 사정이 있었다. 본래 부여는 고구려에 금을 바치고 섭라는 옥을 바치고 있었는데, 부여는 물길[1] 세력에 막히고, 섭라는 백제 세력에 막혀 금과 옥을 고구려에 바치지 않고 있었다.

고구려 사신은 이런 사정을 북위 황제에게 말했다.

"저희가 예의를 잃어서가 아니라 물길과 백제에 막혀 그렇게 되었습니다."

고구려가 이런 변명을 한 것은 자존심에 크게 상처를 입는 일이었다. 자존심을 되찾기 위해서는 백제가 차지한 섭라 땅을 백제에게서 도로 떼어 놓아야만 했다.

섭라는 지금의 섬진강 유역 지역으로 '임나'라고도 불렸다. 가야 땅이지만 가야, 왜, 신라 등이 활발하게 무역을 벌이던 곳이었다.

무령왕이 군사력으로 섭라를 차지했을 때 가야와 신라는 물론이고 왜국도 반발했다. 하지만 당시 무령왕의 힘은 이들 나라의 불만을 누르기에 충분했다.

백제가 무역 중심지인 섭라를 차지하자 섭라에서 들여오던 옥이 끊겨 곤란해진 고구려는 가만히 있을 수 없었다. 그래서 두 나라는 섭라를 놓고 자존심 대결을

무령왕릉 무덤방

송산리 고분군에 있는 무령왕과 왕비의 무덤이다. 널방 형태이며 천장은 아치형이다.

충청남도 공주시 금성동

크게 벌였다. 결국 치열한 다툼 끝에 섭라는 백제 땅으로 굳어졌는데, 이에 대해 중국의 역사책 《양서》에는 다음과 같이 기록되어 있다.

> 백제가 다시 강한 나라가 되었다.

백제가 섭라를 차지한 것은 강한 나라가 되었다는 뚜렷한 징표였다. 먼저 왜국의 천황도 무령왕의 도움으로 왕위에 올랐기 때문에 달리 반발할 수가 없었고, 자기 땅을 빼앗긴 가야는 백제에게 상대가 되지 않았다. 그리고 가장 크게는 고구려 또한 전쟁을 벌이며 백제에게 반발했지만 결국 어찌하지 못했다는 점이다.

이렇게 섭라를 차지하고 백제를 강한 나라로 세운 무령왕은

백제사 이야기

무령왕 묘지

무령왕의 장례를 지낼 때 만들어진 것으로 무덤의 주인공이 누군지 밝히고 있다. 당시 백제의 매장 풍습에 대해 알 수 있는 귀중한 자료다. '묘지'란 죽은 사람의 행적 등을 돌에 새겨 관과 함께 묻는 글을 말한다.

국립공주박물관 소장

21년 6개월 동안 왕위에 머무르다가 523년 5월, 62세 나이로 세상을 떠났다.

1971년에 발견된 그의 능은 충청남도 공주시 금성동에 있으며, 여기에는 그의 왕비도 함께 묻혔다.

백제사 깊이 읽기

백제 사람은 어떤 무덤에 묻혔을까?

백제의 고분은 돌을 쌓아 만든 적석총과 흙으로 봉분을 만든 봉토분으로 나누어집니다.

적석총은 '돌무지무덤'이라고 하는데, 대표적인 것은 중국 길림성 집안현에 있는 고구려의 장군총이지요. 적석총은 원래 고구려 사람들이 생각해 냈고, 고구려의 영향을 받은 백제에서도 만들어졌습니다. 백제 고분군이 만들어진 서울 석촌동의 낮은 대지 위에 수십 기의 적석총이 있었지만, 지금 원래 모습이 제대로 남아 있는 것은 3호분과 4호분 두 기밖에 없습니다.

3호분은 동서 55.5미터, 남북 43.7미터, 높이 4.5미터의 대형 고분이며, 4호분은 제1단의 평면이 17미터, 높이 3미터의 중형 고분입니다.

백제 중기로 오면 적석총은 없어지고 석실분이 인기를 끌고 전축분(벽돌을 쌓아 만든 무덤)이 많아지는데, 이는 중국의 영향을 받은 것입니다. 대표적인 전축분은 공주 송산리 6호분과 무령왕릉이지요.

봉토분은 무덤 안에 돌로 방을 만든 석실분과 관을 돌로 짠 석관묘(돌널무덤), 구덩이를 파서 그 속에 시신을 두는 토광묘(널무덤), 옹기로 관을 만든 옹관묘 등으로 나누어집니다.

석실분은 대부분 규모가 크기 때문에 귀족이나 왕실의 무덤으로 만들어졌습니다. 서울 가락동, 방이동, 여주 상리 등에 있으며, 대부분 얕은 구릉의 비탈에 마련됐습니다.

토광묘는 삼국시대에 흔히 볼 수 있는 서민의 무덤이며,

돌이나 기와를 흙 겉면에 깐 것이 특징이지요.

옹관묘는 영산강 하류인 나주와 영암 일대에 군집을 이룬 채 발견되었는데, 이것이 일본의 고분과 비슷해서 사학계의 주목을 받고 있습니다.

현재 백제 고분이 가장 많이 남아 있는 곳은 마지막 도읍지인 부여입니다. 부여군에 흩어져 있는 고분은 모두 600여 기이고 대부분 석실분입니다. 이들의 형식과 구조는 고구려 고분과 같은데, 매우 큰 돌을 쓴 것이나 벽화가 그려져 있는 것이 대표적인 사례이지요.

그러나 벽화를 그려 넣은 과정은 고구려 벽화와 조금 다릅니다. 능산리 1호분을 예로 들자면, 이곳 벽화는 판석 겉면을 곱게 물갈이해서 그려졌는데, 벽면에 회를 칠하거나 직접 그린 고구려 벽화와는 눈에 띄게 구분됩니다.

나주 복암리 옹관석실
나주 복암리에서 발굴된 옹관묘의 모습이다. 두 개의 옹기를 맞붙여서 관으로 썼다.

제26대 성왕실록

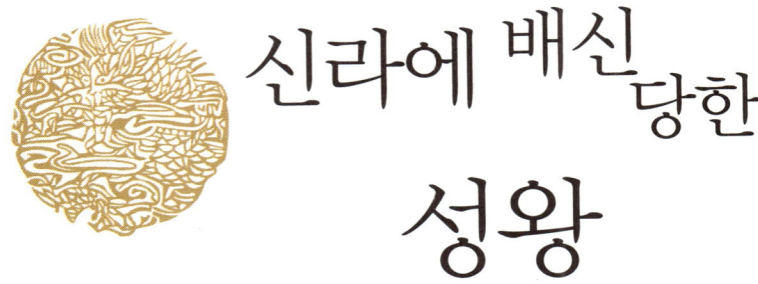
신라에 배신당한 성왕

성왕시대의 세계 약사

중국의 남북조는 큰 변화를 맞이하고 있었다. 북조의 북위는 한족화 정책이 실패해 곳곳에서 봉기가 일어나 534년에 몰락해 동위와 서위로 나뉘었다. 그러나 550년에 고양이 동위를 폐하고 황제에 올라 북제를 세웠다. 남조의 양나라에서도 549년에 후경이 반란을 일으켜 스스로 한(漢) 황제라 불렀다.
서양에서는 동로마가 페르시아와 힘겨운 싸움을 벌이며 세력을 유지했고, 몰락한 서로마 지역에서는 프랑크국이 부르군트 왕국을 병합하고, 동고트와 반달 왕국은 동로마에 멸망했다.

기울어지는 백제와 불운한 성왕

성왕은 무령왕의 아들이며, 이름은 명농이다. 523년 5월 무령왕이 세상을 떠나자 왕위에 올랐다. 《삼국사기》에는 이에 대해 다음과 같이 쓰여 있다.

지혜와 식견이 뛰어나고, 일을 처리할 때 결단성이 있었다.

《일본서기》에는 다음과 같은 기록도 있다.

천도 지리에 통달해 이름이 사방에 널리 알려졌다.

이렇듯 성왕에 대해서는 능력이 뛰어났다는 기록이 눈에 띤다. 당시 백제를 둘러싼 상황은 그런 능력이 없이는 헤쳐 나가기 힘들었다.

성왕은 왕위에 오르자 신하들을 모아 놓고 백제를 둘러싼 국제 상황에 대해 의논했다.

"요즘 나라 밖의 사정이 급하게 돌아가는 듯하니 이에 대해 말해 보도록 하라."

그러자 신하들이 한 명씩 말을 했다.

"선왕(무령왕)께서 섭라를 정복하시고 백제의 기상을 온 세상에 떨친 뒤 모든 나라들이 백제를 우러러보고 있습니다."

"그렇습니다. 하지만 가야가 섭라를 빼앗긴 뒤 신라와 손잡고 딴생각을 품고 있으니 마땅히 경계해야 할 것입니다."

성왕은 고개를 끄덕이며 다시 물었다.

"우리의 적은 그 누구보다 고구려다. 고구려의 상황은 어떠한가?"

"고구려는 호시탐탐 우리를 넘보고 있어 경계를 게을리 하면 안 될 것입니다."

"요즘에 그나마 고구려를 위협하고 있던 북위가 내부에 다툼이 일어나 흔들리고 있으니 이를 눈여겨보아야 할 것입니다."

성왕은 북위 사정에 관심이 많았다.

"북위가 흔들린다면 우리에게도 좋은 일일 수 있다. 그들이 차지하고 있는 대륙의 영토는 본래 우리 것이니 이를 되찾을 수 있다면 고구려 사람인들 두렵겠는가?"

당시 북위는 반란이 일어나 온 나라가 뒤숭숭했다. 그러다가

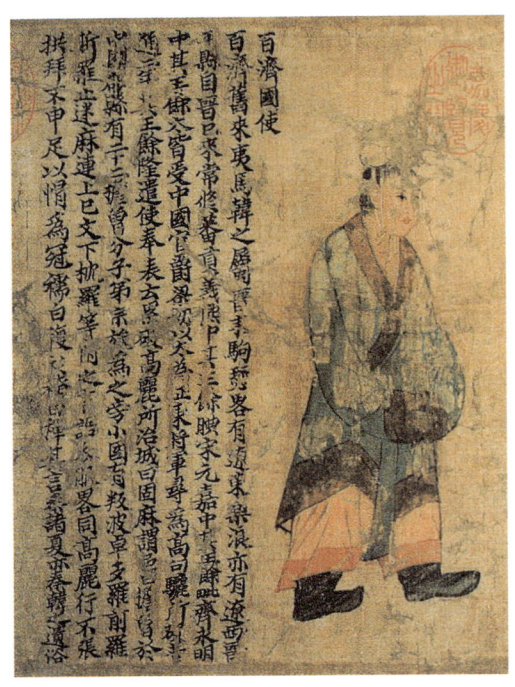

양직공도에 보이는 백제 사신

양나라를 방문한 백제 사신을 그린 것으로 중국과 활발하게 교류했다는 사실을 알 수 있다.

중국역사박물관 소장

북위는 나중에 나라가 두 개로 나누어지게 된다. 성왕은 이런 상황을 이용해 대륙 영토를 넓히려 했다.

"대륙에서 영토를 넓혀 이 나라의 기상을 높일 것이니 군사들을 철저히 준비시키도록 하라."

성왕은 이렇게 명령을 내리며 기회를 노렸는데, 이런 속셈을 고구려에서 눈치 챘다.

"백제가 또다시 대륙에서 활개를 치려 하니 미리 기세를 꺾어 놓아라."

고구려 왕은 수만 명의 군사를 보내 백제의 대륙 기지를 공격했다.

"장수 지충은 군사 1만 명을 이끌고 나아가 고구려에게 본때를 보여 주도록 하라."

성왕은 곧 고구려에 맞서 싸웠고 이 싸움에서 백제는 고구려군을 보기 좋게 물리쳤다. 하지만 그것으로 마음을 놓을 수는 없었다.

"양나라와 신라에 사신을 보내 두 나라가 우리와 손잡고 있다는 것을 온 세상에 보여 주도록 하라."

성왕은 524년에는 양나라에, 525년에는 신라에 사신을 보내 외교 관계를 돈독히 함으로써 고구려가 함부로 백제를 치지 못하게 할 생각이었다. 또한 웅진성을 세워 도성에 대한 방어 준비도 철저히 했다.

하지만 성왕의 대비에도 불구하고 백제는 529년 10월 고구려의 공격을 막아 내지 못했다. 이때 고구려의 안장왕¹은 직접 군대를 이끌고 백제의 대륙 요새인 혈성을 공격해 무너뜨렸다. 성왕은 3만 명의 군사를 이끌고 이를 막으려 했지만 실패하고 말았다.

이 싸움에서 진 뒤 백제 군은 대륙에서 고구려에게 계속 밀렸다. 힘겨운 싸움이 3년 동안 계속된 끝에 백제는 532년 7월 전쟁에서 져 대륙의 땅을 상당 부분 잃고 말았다. 이는 백제가 기울어지고 성왕이 불운해지는 출발점이었다.

1. 안장왕 (?~531)
고구려 제22대 왕(재위 기간 519~531)이다. 중국의 양 왕조와 위 왕조 사이에서 중립을 지키며 실리를 추구하고, 백제의 대륙 기지를 공격해 백제를 궁지로 몰아넣었다.

고구려에 맞서 동맹을 맺으려 한 성왕

고구려에게 대륙의 영토를 거의 다 빼앗긴 성왕은 고구려에 맞서기 위해 왜, 가야, 신라와 동맹을 맺으려고 했다.

"본래 왜, 가야는 물론이고 신라도 우리와 손잡고 고구려에 맞서 왔다. 요즘 들어 동맹이 약해지고 각 나라들이 서로 다투고 있으니 내가 이를 모아 반드시 고구려에 맞서 이길 것이다."

성왕의 말대로 왜와 가야는 본래 백제의 오랜 동맹국이었다. 신라는 고구려 편에 선 적도 있었지만 고구려가 남쪽으로 나아가기 시작하자 백제와 동맹을 맺고 함께 맞서 싸웠다. 이런 관계가 흔들린 것은 백제가 섭라 땅을 차지하면서부터였다.

'백제가 힘으로 우리 땅을 빼앗으니 이제 신라와 손잡고 백제를 멀리해야겠다.'

가야 왕실은 이렇게 생각했고 신라는 이를 은근히 환영했다. 신라는 고구려와 백제가 다투는 틈을 이용해 영토를 넓힐 기회를 엿보았는데, 가야가 신라 편이 되어 주면 큰 도움이 될 수 있었기 때문이다.

하지만 신라 또한 529년 가야의 성을 공격해 빼앗는 일이 생기자 가야는 이번에는 다시 백제와 왜에게 손을 내밀었다. 하지만 고구려에 맞서 신라와 동맹 맺을 생각을 하던 성왕은 이러지도 저러지도 못했다.

한편 왜의 계체천황은 가야 땅을 차지하기 위해 남몰래 근강모야를 시켜 가야의 구사모라성을 점령하게 했다. 계체천황은 백제 왕실의 뜻을 대놓고 거스를 수 없었기 때문에 이 일을 비밀스럽게 진행했지만 결국 가야가 신라, 백제에게 도움을 부탁해 근강모야 세력을 쫓아냈다.

이 일이 있은 뒤 532년에 금관가야의 왕 김구해는 가야 왕족을 이끌고 신라에 항복했으니, 결과적으로 신라만 이득을 보았다.

한반도에서 이런 일이 벌어지고 있을 때 대륙에서는 커다란 소용돌이가 몰아치고 있었다.

"북위가 동과 서로 나누어지고 동쪽의 북위가 우리 영토를 넘보고 있습니다."

이 소식을 듣고 성왕은 깜짝 놀랐다. 당시 북위는 서위와 동

부소산성

성왕이 웅진에서 사비로 수도를 옮길 때 왕궁을 지키기 위해 쌓은 산성으로 여겨진다. 군사적 목적뿐만 아니라 왕과 귀족들이 경치를 즐기던 곳으로도 쓰였다.

충청남도 부여군

위로 나누어졌고 동위 세력이 산동성 쪽으로 나아가 백제의 마지막 대륙 영토를 위협했던 것이다.

마침내 고이왕 이후 대륙으로 나아가 웅대한 역사를 열었던 백제의 시대는 여기에서 끝나고 백제는 대륙의 영토를 모두 잃고 말았다.

"도읍을 사비(충청남도 부여)로 옮기고 나라 이름을 남부여라 할 것이다."

대륙의 영토를 잃은 성왕은 538년에 도읍을 옮기고 나라 이름도 바꾸었다. 이때 스스로 '남부여'라고 한 것은 백제가 고구려에 의해 망한 부여의 후손이며 부여 땅을 되찾겠다는 뜻이었다.

이 뜻을 이루기 위해 성왕은 왜와 가야, 신라를 설득해 동맹을 맺으려고 했다. 하지만 왜와 가야, 신라는 좀처럼 성왕의 뜻을 따라 주지 않았다. 그런 가운데 고구려를 치려는 성왕의 계획은 점점 미뤄지고 있었다.

관산성 싸움과 성왕의 최후

성왕이 동맹을 이뤄 고구려를 치려 한다는 소식을 들은 고구려는 548년에 백제의 한강 북쪽 성인 독산성을 공격해 왔다.

"신라에 도움을 요청하는 사신을 보내도록 하라."

성왕은 다급하게 신라에 도움을 요청했고 신라도 고구려가 남쪽으로 내려오는 데 위협을 느껴 군사를 보내 주었다. 그리하여 다행히 독산성은 지킬 수 있었다.

"이제 우리가 고구려를 칠 차례다. 이번에는 내가 직접 나서서 북쪽으로 나아갈 것이다."

독산성 싸움에서 이긴 성왕은 3년이 지난 551년에 고구려 공격에 나섰는데, 이때 신라와 가야의 연합군도 함께했다. 연합군을 이끈 성왕은 이 싸움에서 고구려가 차지하고 있던 한성을 되찾고, 고구려의 도살성을 무너뜨리는 큰 승리를 거두었다.

하지만 고구려도 가만히 있지 않았다. 반격에 나선 고구려는 무서운 기세로 밀고 내려와 백제의 금현성을 공격해 무너뜨렸다.

"금현성을 반드시 지키고 도살성도 내주어서는 안 된다. 신라에 도움을 요청하라."

성왕은 결코 물러서지 않고 고구려에 맞섰다. 그러자 팽팽한 싸움이 계속되었고 두 나라 군대는 모두 지쳤다. 이때 신라는 생각지도 못한 행동을 했다.

"고구려와 백제의 군사는 모두 지쳤을 것이다. 이때를 노려 도살성과 금현성을 우리가 차지하자."

왕의 명령을 받은 신라 장군 이사부는 백제를 도우러 왔다가 오히려 도살성과 금현성을 차지해 버렸다.

"신라가 이렇게 뒤통수를 칠 줄이야. 하지만 지금은 고구려와 싸우는 게 중요하니 그냥 내버려 두도록 하라."

신라의 비겁한 행동에도 불구하고 성왕은 신라, 가야의 연합군과 함께 고구려를 공격하며 계속 북쪽으로 나아갔다. 그리고 대동강 유역의 평양까지 밀고 올라가 신라는 10개 성을 얻고, 백제도 6개 군을 되찾는 큰 성과를 올렸다.

고구려가 평양까지 밀린 데에는 이유가 있었다. 당시 돌궐[2]이 갑자기 쳐들어와 도성이 위험해졌기 때문에 남쪽에 신경 쓸 틈이 없었다.

하지만 돌궐을 몰아낸 뒤에는 사정이 달

> **2. 돌궐**
> 6세기 중엽부터 약 200년 동안 몽골 고원을 중심으로 활약한 투르크계 민족이다.

라졌다.

"우리가 어려운 때를 틈타서 감히 우리 땅으로 밀고 들어왔 겠다. 결코 용서할 수 없다. 백제와 신라에 대해 앙갚음을 철저히 해 주어라!"

고구려 왕이 분노하며 소리치자 고구려 군은 무서운 기세로 반격하기 시작했다. 이때 신라는 마음을 바꿔 먹고 고구려 편에 섰다.

"고구려의 기세가 심상치 않으니 백제와 손을 끊고 고구려와 함께 백제를 쳐야겠다."

신라가 배반하자 백제는 궁지에 몰렸다. 고구려 편에 서서 백제를 공격한 신라는 한강 이북의 백제 땅을 모조리 차지하고 한성까지 점령해 버렸다. 성왕의 최대 위기였다.

"내 딸을 신라에 시집보낼 테니 공격을 중단하라고 해라."

성왕은 위기를 피하기 위해 자신의 딸을 내주었다. 이만저만 한 수치가 아니었다.

"반드시 신라에 복수하리라. 왜에 사신을 보내 신라를 공격할 준비를 하게 하라."

그리하여 554년 5월에 왜의 수군이 도착하고 성왕은 가야까지 끌어들여 신라의 관산성(충청북도 옥천)을 공격했다. 왜와 가야까지 힘을 모았으니 성왕의 승리는 눈앞에 다가온 것이나 마찬가지였다.

성왕은 신라에 복수하기 위해 이 싸움에 직접 나섰다. 심지어 백제 군의 사기를 높이기 위해 50명의 호위병만 이끌고 밤

능산리 고분군

부여 능산리 산에 자리 잡고 있는 백제 무덤이다. 사비에 도읍하고 있을 때 (538~660) 성왕 등 왕위에 머물렀던 역대 왕들의 무덤으로 여겨진다.

충청남도 부여군 능산리

중에 전쟁터로 달려가기도 했다.

"백제 왕이 호위병 50명만 이끌고 이동하고 있다. 당장 달려가서 백제 왕을 잡아 목을 베자. 그러면 백제 군은 저절로 무너질 것이다."

신라 장수 도도는 성왕이 밤길을 달려오고 있다는 정보를 얻고는 수천 명의 군사를 출동시켰다. 결국 성왕은 도도에게 붙잡혔고 그 자리에서 목이 베어 죽음을 당했다.

도도는 성왕의 시체를 신라의 서라벌에 보냈고 신라에서는 성왕의 머리는 내주지 않고 나머지 뼈들만 백제에 보내 주었다.

성왕이 목숨을 잃었다는 소식이 전해지자 관산성에서 싸우던 백제 군은 싸울 뜻을 잃고 뒤로 물러났으며, 신라 군은 이를 뒤쫓아 가서 백제 군 3만 명을 죽였다.

176 백제사 이야기

제26대 성왕 가계도

성왕의 죽음은 의미가 컸다. 가야, 왜, 백제를 아울러서 동맹을 이룰 수 있는 지도자가 사라진 것이다. 또한 관산성에서 백제 군 3만 명이 모두 죽는 바람에 그 뒤 백제 군은 방어만 겨우 할 수 있는 처지가 되었다. 그리고 동맹까지 이룩하고도 싸움에서 크게 지자 왜와 가야는 동맹을 꺼리게 되었다.

지혜롭고 능력이 뛰어난 성왕이었지만 어이없는 죽음을 당하고 말았고 이로써 백제의 기운은 크게 기울어졌다.

제27대 위덕왕실록

신라의 위협에서 벗어난 위덕왕

관산성 싸움에서 진 왕자 창

성왕이 세상을 떠나자 그의 맏아들 창이 왕위를 이었다. 창은 525년에 태어났으며 554년에 성왕이 전쟁터에서 죽자 30세 나이로 왕위에 올랐다.

그는 태자 시절부터 성왕을 도와 나랏일에 참여했고, 신라가 동맹을 어기고 한강 유역을 차지했을 땐 신라를 공격하자고 주장했다.

"동맹을 어기고 백제를 배신한 신라를 응징해야 합니다. 이는 백제의 자존심이 걸린 문제입니다."

왕자 창의 주장에 성왕은 고개를 끄덕였다. 하지만 많은 신하들은 반대하고 나섰다.

"지금 군사를 움직이는 것은 섣부른 일입니다. 철저히 준비한 뒤에 반드시 이길 수 있는 싸움을 해야 합니다."

신하들이 반대하는데도 왕자 창은 뜻을 굽히지 않았다.

"배신자를 그냥 두고서 어찌 백제의 위상을 세울 수 있겠습니까? 제가 직접 군사를 이끌고 신라의 관산성을 공격하겠습니다."

결국 왕자 창은 554년 직접 관산성 공격에 나섰다. 하지만 관산성은 쉽게 무너지지 않았다. 그래서 성왕은 백제 군을 격려해 사기를 높이기 위해 호위병 50명만 데리고 밤길을 나섰다. 이때 운이 나쁘게도 신라 군에게 붙잡혀 성왕은 목숨을 잃고 말았다.

"뭣이? 폐하께서 적들의 손에……."

성왕이 죽었다는 소식을 듣자 왕자 창은 그 자리에 주저앉고 말았다. 창을 따르던 백제 군사들도 마찬가지였다. 그길로 백제 군은 재빨리 후퇴했으나 신라 군에게 뒷덜미를 잡혀 전멸당하고 말았다.

"내가 신라 공격을 서두르는 바람에 폐하께서 불운을 당하셨다. 아들 된 자로 어찌 고개를 들고 살 수 있겠는가? 머리를 깎고 스님이 되어야겠다."

왕자 창은 죄책감에 시달리며 승려가 되려 했지만 신하들이 강하게 말렸다.

"안 됩니다. 태자께서는 지금 왕위를 이어 위기에 빠진 나라를 구하셔야 합니다. 그것이 선왕(성왕) 폐하의 뜻을 따르는 것입니다."

창왕명석조사리감과 탑본

사리를 보관하던 용기로, 567년 위덕왕이 만들었다. 위덕왕의 여자 형제인 공주가 사리를 공양했다는 내용이 적혀 있다.

국립부여박물관 소장

 마침내 창은 성왕의 3년상을 치르고 557년 3월 정식으로 왕위에 올랐으니 그가 백제 제27대 위덕왕이다.

백제의 살길을 찾는 위덕왕

 성왕이 갑작스럽게 세상을 떠나자 백제는 커다란 위기에 빠졌다. 이 위기를 틈타 쳐들어온 것은 고구려였다.
 "고구려 군이 웅진성까지 밀고 내려왔습니다."

554년 10월, 성왕이 세상을 떠난 지 3개월 만에 이 소식을 들은 위덕왕은 당황할 수밖에 없었다.

"고구려 군이 어찌 웅진성까지 단숨에 내려올 수 있었단 말인가? 웅진성을 빼앗기면 도성이 위험하니 모든 군사를 동원해 반드시 고구려 군을 막아 내도록 하라."

위덕왕이 당황한 데에는 이유가 있었다. 당시 한강 유역은 신라 군이 차지하고 있었기 때문에 고구려 군이 웅진성까지 내려오려면 신라 땅을 지나야 했다. 따라서 고구려 군이 웅진성을 갑자기 공격했다는 것은 신라가 길을 열어 주었다는 뜻이었다.

백제는 모든 군사를 동원해 고구려의 침입을 겨우 막아 낼 수 있었다.

'고구려가 언제 다시 쳐들어올지 모른다. 또한 이번에 신라가 길을 열어 주었으니 다음에는 두 나라가 함께 쳐들어올 것이다. 이에 맞서기 위해서는 왜, 가야와 더불어 동맹을 이룩해야 한다.'

위덕왕은 이렇게 생각하고 동생 계(혜왕)를 불렀다.

"계야, 네가 왜국에 다녀와야겠다."

"왜에 가서 무슨 말을 전하면 되겠습니까?"

"신라와 고구려가 한패가 되었으니 가야를 다시 세워 신라를 쳐야 한다고 설득해라. 또한 무엇보다도 왜의 군사들이 우리와 함께 신라를 공격할 수 있도록 설득해라."

계는 555년 2월 왜로 건너가 위덕왕의 뜻을 전했다. 왜도 이에 같은 생각이라고 했지만 군사를 쉽게 내주지는 않았다.

위덕왕은 왜에 계를 보낸 동시에 가야에도 사신을 보냈다. 금관가야가 신라에 항복한 뒤로 신라는 가야 땅을 야금야금 빼앗아 가고 있었기 때문에 가야 세력도 신라에 매우 적대적이었다.

"우리가 신라를 칠 것이니 가야는 힘을 모아 신라를 뒤에서 공격하시오."

가야에서도 위덕왕의 뜻을 받아들였다.

하지만 백제 군의 야심 찬 공격은 신라 군의 반격에 막혀 실패하고 말았다. 백제 군을 몰아낸 신라는 기세를 늦추지 않고

곧바로 가야를 공격했다.

이사부[1]가 이끄는 신라 군은 장군 사다함을 앞세워 눈 깜짝할 사이에 가야 땅을 휩쓸어 버렸고 이로써 가야는 오랜 역사를 끝내고 무너지고 말았다.

"가야가 무너지다니 큰일이다."

가야가 무너지자 가장 크게 당황한 것은 왜였다. 왜는 예부터 식량이 부족해 식량이 많이 나는 가야와 무역을 해야만 했다. 기름진 가야 땅을 신라가 차지했다는 것은 왜가 더 이상 식량 무역을 할 수 없다는 뜻이었다.

그동안 군사 보내기를 꺼려 하던 왜도 가야가 무너지자 위덕왕의 뜻에 따라 신라 공격에 나섰다. 563년 7월 드디어 백제와 왜의 동맹군은 신라 공격에 나섰다. 하지만 신라 군의 뛰어난 전술로 백제와 왜의 동맹군은 무참하게 지고 말았다.

그 뒤 왜와 백제는 함부로 신라를 공격하지 못했다. 신라 또한 왜와 백제가 손을 잡자 함부로 건드리지 않았다. 위덕왕은 신라를 무너뜨리는 데 실패했지만 신라의 위협으로부터 벗어나게 되었다.

신라와의 전쟁이 잠시 중단되자 위덕왕은 고구려에 눈길을 돌렸다. 위덕왕은 외교를 통해 고구려를 궁지로 몰아넣으려 했다. 그래서 당시 중국 대륙을 차지하고 있던 남진과 북제에 사신을 보내 외교 관계를 맺었다. 581년 수나라[2]가 세워졌을 때에는 수나라와도 외교 관계를 맺었다.

"강한 수나라로 하여금 고구려를 치게 해야겠다."

1. 이사부 (?~?)
신라 진흥왕 때의 장군이자 정치가다. 지금의 울릉도인 우산국을 정복했으며 직접 군사를 이끌고 백제와 가야에 속한 땅을 빼앗아 신라의 영토를 넓히는 데 크게 이바지했다.

2. 수나라
중국 대륙을 통일한 왕조(581~618)다. 강력한 군사력으로 고구려를 침략했으나 실패해 짧은 기간 만에 무너지고 이후 당나라로 이어졌다.

184 백제사 이야기

제27대 위덕왕 가계도

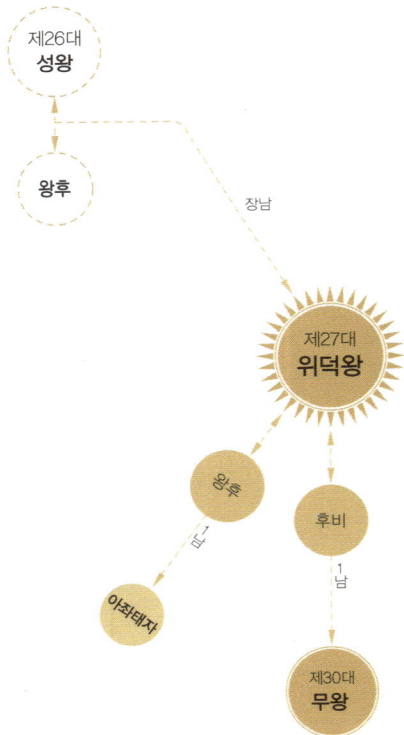

589년 수나라가 중국 대륙을 통일하고 강한 나라가 되자 위덕왕은 수나라를 부추겨 고구려를 공격하게 했다. 수나라가 고구려를 치면 백제가 길잡이를 하겠다고 했다. 하지만 수나라는 백제의 제안을 받아들이지 않았다.

한편 백제가 수나라를 부추겨 고구려 공격에 나서게끔 하려 했다는 사실이 알려지자 고구려는 곧장 병력을 동원해 백제의 북쪽 지역을 한 차례 공격하고 돌아갔다.

이처럼 살길을 찾기 위해 갖은 방법을 찾던 위덕왕은 598년 12월 74세 나이로 세상을 떠났다.

제28대 혜왕실록

일흔이 넘어 왕위에 오른 혜왕

왕위를 빼앗은 늙은 혜왕

혜왕은 성왕의 둘째 아들이며 이름은 '계'다. 그는 위덕왕과 함께 성왕을 도와 일찍부터 정치에 참여했다. 555년 2월에는 위덕왕의 명령을 받고 왜로 가서 군사를 요청했으며 1년 만에 왜의 군사들과 함께 백제로 돌아왔다.

하지만 그는 본래 왕위에 오를 인물이 아니었다. 위덕왕은 자신의 아들 아좌를 태자로 책봉해 놓았기 때문이다. 혜왕은 위덕왕 시절에 상좌평에 올랐는데 이에 만족하지 못했다.

이런 혜왕에게 기회가 찾아왔다. 위덕왕이 아좌 태자[1]를 왜에 보낸 것이다.

"아좌야, 수나라가 곧 고구려를 칠 것이다. 나는 이때를 노려 왜와 함께 고구려의 뒤를 치려고 한다. 네가 왜로 건너가서 내

> **1. 아좌 태자** (?~?)
> 백제 제27대 위덕왕의 아들이다. 그림을 잘 그렸으며 597년 일본에 건너가 쇼토쿠 태자의 스승이 되기도 했다. 왕위에 오르지 못하고 혜왕과 법왕 세력에게 죽음을 당했다.

뜻을 전하고 동맹을 요청하도록 해라."

위덕왕의 명령에 따라 아좌 태자는 597년 4월 왜로 건너갔다.

"태자가 왜에 간 사이 왕실과 조정을 손에 쥐면 왕좌를 얻을 수 있을 것이다."

이렇게 모의한 사람은 혜왕과 혜왕의 아들 선이었다. 그들은 백제 조정의 권력을 손에 쥐고 아좌가 왜에서 돌아오자 그를 죽여 버렸다. 그리고 598년 12월 위덕왕이 세상을 떠나자 혜왕이 왕위에 올랐다.

하지만 이때 혜왕은 나이가 일흔이 넘은 노인이었다. 그는 조카를 없애고 왕위에 올랐지만 겨우 1년 만에 세상을 떠나고 말았다.

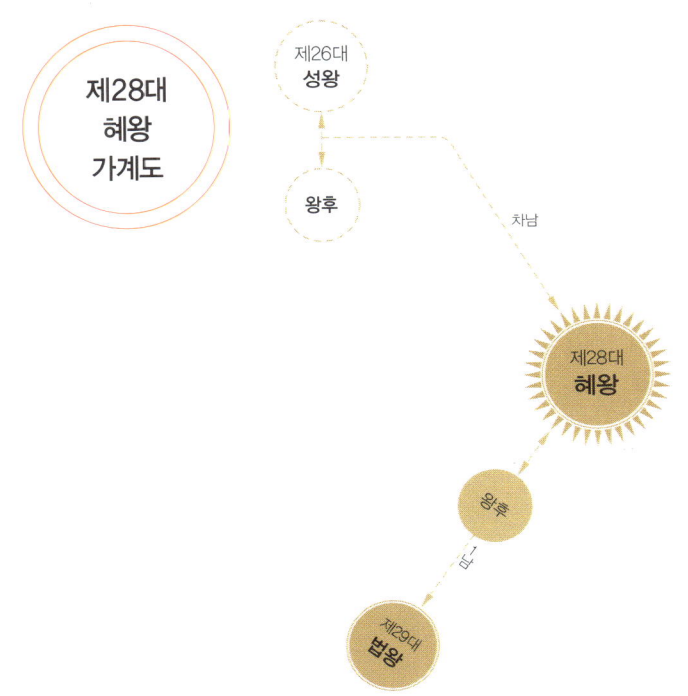

제29대 법왕실록

불교를 부흥시킨 법왕

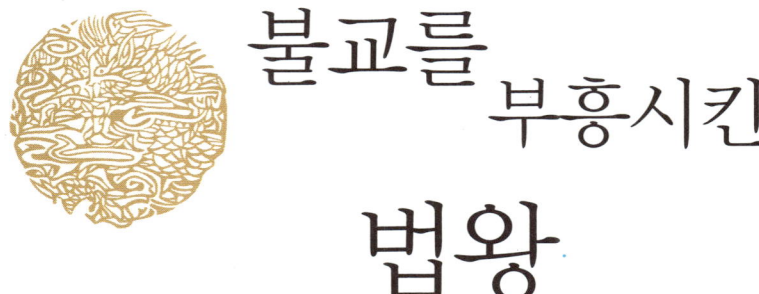

불교를 내세운 법왕

법왕은 혜왕의 맏아들이며, 이름은 선 또는 효순이다. 위덕왕이 세상을 떠난 뒤 본래 아좌 태자가 왕위에 올라야 했지만 늙은 혜왕이 이를 가로챈 데에는 법왕의 힘이 컸다.

왕위에 오를 때 혜왕은 이미 일흔이 넘은 노인이었기 때문에 50대 나이였던 법왕이 사실상 일을 주도했던 것으로 짐작된다.

"모든 조정 대신과 백성들은 살생을 금지하도록 하라. 집에서 기르는 매를 놓아주고 사냥 도구는 모두 태워 버리도록 하라."

법왕은 왕위에 오르자 생물을 죽이는 것을 금지한다는 명령을 내렸다. 불교 계율을 국법에 적용한 것이었다.

"과인은 불교를 섬겨 나라와 백성을 평안케 하리니 모두들 과인의 뜻을 따르도록 하라."

법왕은 불교를 섬기겠다고 하면서 왕위에 오른 지 한 달 만에 왕흥사를 세우고, 가뭄이 들었을 때는 칠악사 절에 가서 기우제를 올리기도 했다.

법왕이 불교를 널리 퍼뜨리며 부흥시키려 한 것은 자신의 약점을 감추기 위해서였다. 아좌 태자를 죽이고 왕위에 오르면서 수많은 살생을 저지른 그는 불교를 통해 자신의 지난 행동을 덮으려 했던 것이다.

제29대 법왕 가계도

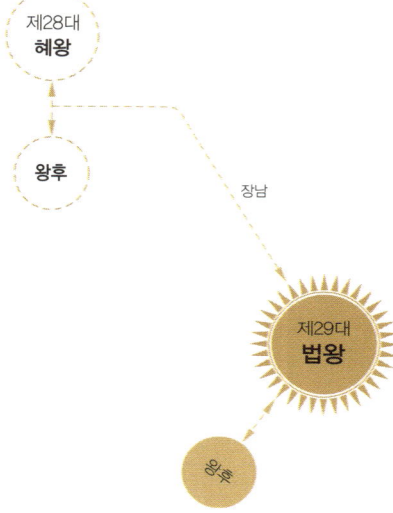

왕흥사지

백제의 대표적인 사찰인 왕흥사가 있던 곳으로 당시 법왕은 30여 명을 출가시켰다고 전해진다.

충청남도 부여군

    그리고 불교를 부흥시킨 것은 무엇보다도 왕권을 튼튼히 하기 위해서였다. 법왕은 불교 계율을 국법에 적용해 이를 따르지 않는 반대파를 없애 버리고 왕권을 강화하려 했다.

    그러나 법왕은 5개월도 버티지 못하고 600년 5월에 세상을 떠났다. 《삼국사기》에는 그가 어떻게 죽었는지 정확히 밝혀져 있지 않지만, 반대파들에 의해 죽음을 당한 것으로 짐작된다.

백제사 깊이 읽기

백제 사람들이 남긴 불상에는 어떤 것이 있을까?

불상은 맨 처음 인도에서 만들어졌다고 합니다.

전설에 따르면 석가가 도리천에 올라가서 마야 부인에게 설법을 했는데, 이때 믿음이 깊었던 스라바스티 성의 프라스트나지 왕과 코삼비 성의 우다야나 왕이 각각 금과 향나무로 5척의 불상을 만들었다고 합니다.

그러나 유물상으로 보면 불상이 실제로 만들어지기 시작한 것은 1세기경인 쿠샨 왕조 시대였습니다.

이때 인도는 그리스 문화의 영향을 받아 조각 문화가 널리 퍼졌는데, 특히 인도 서북부의 간다라 지역에서 발전했습니다. 흔히 이를 '간다라 미술'이라고 하는데, 그것이 불교에 영향을 미쳐 불상 조각이 유행했지요.

인도에서 만들어진 불상은 불교가 전해진 중국에서 각 지역의 특색이 보태져 새로운 모습으로 변합니다. 그리고 다시 고구려·백제·신라·가야·왜 등에 불교가 전해지면서 각 나라마다 특징적인 불상이 만들어집니다.

백제 불상은 균형미가 뛰어나고 단아한 느낌이 드는 귀족 성향의 불상과 온화하면서도 위엄을 잃지 않는 서민 성향의 불상으로 나누어집니다.

귀족 성향의 불상을 대표하는 것으로는 부여 군수리에서 출토된 석조여래좌상이 있고, 서민 성향의 불상을 대표하는 것으로는 서산마애삼존불상이 있습니다.

군수리석조여래좌상은 높이 13.5센티미터로 군수리 절터 심초석 위에서 출토된 납석제 불상입니다. 백제 초기를 대표하는 이 불상은 삼매에 든 선사의 모습을 보는 듯한데, 선이 곱고 자태가 단아하며 표정은 매우 부드럽고 온화합니다.

이 불상은 비록 4, 5세기 중국 불상의 영향을 받았지만 얼굴 모습과 표정, 몸의 표현 등에서 백제 양식이 잘 드러납니다. 무르익은 백제 문화를 잘 반영한 작품으로 평가되며, 6세기 중엽에 만들어진 것으로 여겨집니다.

서산마애삼존불상은 군수리석조여래좌상과는 달리 높이 2.8미터의 큰 불상입니다. 이 불상이 있는 충청남도 서산시 운산면은 중국의 불교 문화가 태안반도를 거쳐 백제의 수도 부여로 가던 길목에 있습니다. 때문에 6세기 때 자연스럽게 불교 문화가 꽃피던 곳이었는데, 그 단적인 예가 바로 마애삼존불입니다.

삼존불의 얼굴은 잔잔한 미소를 머금은 모습이며 매우 따뜻하고 부드러우며 신비롭습니다. 삼존불의 가장 큰 매력이라면 다른 어떤 불상에서도 찾아볼 수 없는 환한 미소이지요.

미소 짓고 있는 불상은 많지만 삼존불처럼 자태와 옷 주름, 어

군수리석조여래좌상
부여 군수리의 백제 절터에서 발견된 불상으로, 부드럽고 온화한 인상을 풍긴다. 보물 제329호로 지정되었다.

국립부여박물관 소장

서산마애삼존불상

백제 불상 특유의 자비로운 인상을 주는 조각상이다. 백제의 미소로 널리 알려져 있으며 국보 제84호로 지정되었다.

충청남도 서산시 운산면

깨와 다리의 선 등이 얼굴의 미소와 들어맞는 불상은 없습니다. 웃음이 살아 있다는 것은 곧 인간미가 넘친다는 뜻입니다.

대부분의 불상이 근엄한 절대자의 모습으로 인간 위에 군림하는 데 비해, 마애삼존불은 인간과 한데 어우러지는 정을 표현하고 있다는 점에서 남다릅니다. 게다가 어떤 불상에서도 볼 수 없는 독특함과 자유로운 구성 형식을 지니고 있습니다. 부처가 깨달음에 이른 사람을 뜻하고, 그 깨달음이 추구하는 것은 '완전한 자유'란 점을 일깨우는 대단한 작품입니다.

　군수리석조여래좌상과 마애삼존불은 인간적인 웃음을 머금고 있는 공통점을 지니고 있습니다. 이는 흔히 '백제 미소'로 불리는 백제 불상의 가장 특징적인 면이며, 예술성의 최고 경지이기도 합니다.

제30대 무왕실록

백제의 마지막 전성기를 일군 무왕

한낱 서동에서 왕이 된 무왕

무왕은 위덕왕의 아들이며 이름은 '장'이다. 600년 5월 법왕이 세상을 떠나자 신하들에 의해 왕으로 세워졌다. 하지만 순조롭게 왕위에 오른 것은 아니었다.

무왕은 대궐에서 어린 시절을 보내지 않고 어느 산골에서 홀어머니와 함께 살았다. 그가 위덕왕의 정식 왕비에게서 난 아들이 아니었기 때문이다.

무왕은 어린 시절에 서동(마를 캐는 아이)으로 지내면서 숨어 살았다. 혜왕과 법왕이 아좌 태자와 위덕왕을 죽이고 왕위에 올랐기 때문이다.

《삼국유사》[1]에는 서동에 대해 다음과 같은 재미있는 이야기가 전한다.

무왕시대의 세계 약사

중국에서는 수나라가 고구려와 무리한 전쟁을 벌여 내란을 겪은 끝에 무너지고, 618년 이연이 당을 세웠다. 그러나 이연은 왕위 계승 문제로 아들 세민(태종)과 불화를 겪다가 627년 세민에게 왕위를 빼앗겼다. 태종이 왕위에 오르자 당은 정치와 사회가 모두 안정되었다.
서양에서는 동로마와 페르시아가 전쟁을 계속하는 가운데, 마호메트가 이슬람교를 널리 퍼뜨렸다. 그가 죽은 뒤에는 사라센 제국이 아라비아를 통일해 페르시아의 사산왕조를 무너뜨리며 세력을 넓혔다.

제30대 무왕의 이름은 장이다. 그는 홀어머니 아래에서 자라 마를 캐며 살고 있어서 '서동'이라 불렸다.

서동은 어느 날 신라 진평왕의 셋째 공주 선화가 아름답다는 소문을 듣고 서라벌로 갔다. 그리고 동네 아이들에게 마를 나눠 주며 구슬려서 다음과 같은 노래를 부르게 했다.

선화 공주님은
남몰래 시집가서
밤마다 몰래 서동의 방을 찾아가
서동을 품에 안고 잔다네

이 노래가 서라벌에 퍼지자 곧 대궐까지 알려졌다. 그러자 진평왕은 화가 나서 선화 공주를 궁에서 내쫓아 버렸다. 이를 가엾게 여긴 왕비는 선화 공주에게 순금 한 말을 안겨 주었다.

공주가 궁에서 쫓겨나 먼 지방으로 귀양 가는데, 서동이 뛰어나와 절을 하며 말했다.

"먼 길을 가시는 공주님을 제가 모시겠습니다."

선화 공주는 그 남자가 서동인 줄 모르고 괜히 마음이 끌려서 그를 따라오게 했다. 그러다가 그만 서동을 좋아하게 되었다. 나중에야 그가 서동인 것을 알게 된 선화 공주는 이렇게 말했다.

"그 노래가 보통 노래가 아니었군요. 그대와의 인연은 아마 하늘이 맺어 주었나 봅니다."

1. 《삼국유사》
고려 제25대 충렬왕 7년인 1281년에 승려 일연이 지은 책으로 고조선에서부터 후삼국까지의 역사를 전하고 있다.

선화 공주는 서동과 살림을 꾸리기 위해 왕비가 준 금을 내놓았다.

그러자 서동이 웃으며 물었다.

"이게 무슨 물건이오?"

"황금입니다. 이것으로 한평생 부자로 살 수 있어요."

"내가 어릴 적부터 마를 캐던 곳에는 이것이 산더미처럼 쌓여 있소이다."

선화가 깜짝 놀라 서동이 말한 곳으로 갔더니, 과연 금이 산더미처럼 쌓여 있었다.

"이것은 세상에 다시없는 보물입니다. 이 보물을 궁궐로 보내면 분명히 부모님께서 크게 기뻐하실 것입니다."

그러나 무거운 금을 옮길 방법이 없었다. 그래서 용화산 사자사의 지명 스님을 찾아가 그 방법을 물었다.

"내가 그 금을 궁으로 보내 주리다."

지명 스님은 귀신의 힘을 빌려 하룻밤 사이에 금을 신라 궁궐로 날라 주었다. 그러자 진평왕은 이 신기한 일을 귀한 징조로 여겨 서동을 매우 좋게 보면서 편지를 띄워 안부를 물었다. 서동은 이 덕분에 인심을 얻어 왕위에 올랐다.

《삼국유사》에 전하는 위 이야기는 매우 흥미롭다. 하지만 진평왕에게는 셋째 딸이 없었고 당시 백제와 신라는 원수 같은 사이였기 때문에 무왕이 신라 공주와 결혼했다는 것은 사실로 믿기 어렵다.

무왕은 법왕이 반대파에 의해 죽음을 당하자 위덕왕의 아들이라는 이유로 신하들에 의해 왕위에 오를 수 있었다. 궁궐 밖에서 마를 캐며 살던 서동이 어느 날 갑자기 왕이 된 것이다.

백제의 마지막 전성기를 개척한 무왕

무왕에 대해서 《삼국사기》에는 다음과 같이 기록되어 있다.

> 무왕은 풍채가 훌륭하고 뜻과 포부가 컸으며 기상이 높았다.

이는 무왕이 비록 서민으로 자라났지만 뛰어난 능력으로 어려운 백제의 앞길을 헤쳐 나갔음을 뜻한다.

혜왕, 법왕 시대를 거치며 왕권 다툼으로 혼란스러웠던 백제는 무왕이 왕위에 오르면서 안정을 찾아갔다. 따라서 백제는 나라 밖으로 눈을 돌릴 여유를 가질 수 있었다.

'고구려에 빼앗긴 영토를 되찾고 신라를 응징해 백제의 위상을 다시 한 번 드높이리라.'

무왕은 이런 다짐과 함께 왕위에 오르자마자 영토를 되찾는 일에 달려들었다.

"장군 해수는 군사를 이끌고 가서 아모산성(충청북도 음성)을 점령하라."

재위 3년 만인 602년에 무왕은 첫 번째 전쟁을 시작했다. 하

지만 아모산성을 차지하고 있던 신라의 군사력은 만만치 않았다. 신라의 진평왕은 정예 기병 수천 명으로 맞섰을 뿐 아니라 오히려 백제 땅으로 더 치고 들어왔다. 무왕은 4만 명의 군사를 동원해 신라의 네 성을 공격했지만 강력한 반격 때문에 별 다른 성과를 거두지 못했다.

한편 고구려는 신라의 북한산성을 공격해 신라군 1만 명과 전쟁을 벌였는데, 그 뒤 삼국은 서로 얽혀 다투는 복잡한 지경이 되었다. 이는 신라의 세력이 이전보다 더 강해졌기 때문이다.

그 무렵 중국을 통일한 수나라는 나날이 고구려와 사이가 나빠져 전쟁을 벌이기 직전이었다. 무왕은 이 틈을 타서 607년 3월 수나라에 사신을 보냈다.

"우리와 손잡고 고구려를 치면 반드시 이길 수 있습니다."

수나라에서는 무왕의 뜻을 크게 환영했다. 수나라 황제 양광은 611년 4월에 자신이 직접 100만이 넘는 군대를 탁군(북경)에 모았다. 무왕은 그때에 맞춰 수나라 양광에게 사신을 보내 도움을 주겠다고 약속했다.

이렇게 모든 나라의 눈길이 고구려와 수나라에 가 있는 사이에 무왕은 느닷없이 신라를 공격했다.

"지금 신라는 수나라와 고구려의 전쟁을 살피느라 정신이 없다. 이때 가잠성을 공격해 무너뜨려라."

611년 10월 무왕의 명령을 받은 백제 군은 눈 깜짝할 사이에 신라의 가잠성을 차지했다. 무왕이 수나라를 부추겨 고구려 공격을 돕겠다고 한 것은 사실 그 사이에 신라를 치기 위해서였다.

하지만 정작 수나라가 612년 113만의 병력으로 고구려를 쳐들어가자 무왕은 수나라를 돕겠다는 약속을 미루고 지켜보기만 했다. 함부로 끼어들어 손해를 입지 않기 위해서였다. 실제로 수나라는 고구려에 계속 지다가 마침내 나라 안에서 반란이 일어나 618년에는 무너져 버렸다. 수나라를 무너뜨린 자리에는 당나라가 들어섰다.

수나라와 고구려가 전쟁의 회오리에 휩싸여 있을 때인 616년 10월, 무왕은 또다시 신라를 공격했다. 그 뒤 10년이 넘도록 두 나라의 치열한 전쟁은 계속되었다.

신라와 전쟁을 벌이는 무왕의 의지는 대단했다. 그는 웅진성에 대군을 모아 신라를 총공격할 준비를 했다. 그러자 신라 진평왕은 겁을 먹고 당나라에 사신을 보내 도움을 요청했다.

"백제는 신라 공격을 중단하고 고구려, 백제, 신라는 전쟁을 벌이지 말지어다."

당 태종은 고구려, 백제, 신라의 사신을 모두 불러 모아 이렇게 말했다. 무왕은 이를 따르겠다고 해 놓고서는 628년 2월에 다시 신라를 공격했다. 633년에는 신라의 서곡성을 공격해 13일 만에 무너뜨렸으며 636년에는 신라의 독산성을 공격했지만 실패했다. 그 뒤로 무왕은 신라를 더 이상 공격하지 않았다.

이렇게 왕위에 오른 뒤 줄곧 영토 전쟁을 벌인 무왕의 기세는 신라를 눌렀다. 신라는 주로 백제의 공격을 막아 내며 당나라에 도움을 요청했으니 무왕이 다시 한 번 백제의 전성기를 열었다고 할 수 있다. 또한 수나라와 전쟁을 하느라 고구려는 백제를 공격하지 못했기 때문에 적어도 무왕 시절에는 백제가 다른 나라의 위협 앞에서 떠는 일은 없었다.

수십 년 동안 전쟁터를 누비며 백제를 강한 나라로 세운 무왕은 말년에는 사냥을 즐기고 불교에 깊이 빠져 지내는 등 평화롭게 보냈다. 신하들과 함께 잔치를 베풀며 놀고 스스로 거문고를 잡고 노래를 부르면서 여유로운 궁궐 생활을 즐겼다. 그리고 641년 3월, 40여 년 동안 왕위에 머무르다 세상을 떠났다.

그는 한낱 마 캐는 아이로 살다가 얼떨결에 왕위에 올랐지만 뛰어난 지혜와 날카로운 판단력으로 어지러운 상황에 현명하게 대처해 밖으로는 영토를 넓히고 안으로는 신하들을 하나로 모아 낸 훌륭한 군주였다.

백제사 깊이 읽기

백제 사람들은 어떤 탑을 남겼을까?

　탑은 원래 석가모니 몸에서 나온 사리를 받들어 모시기 위해 세운 것으로 '탑파'의 준말입니다. 탑파는 인도에서 생겨났으며 '스투파'라고도 합니다. 스투파는 '부처의 사리를 모시는 묘'라는 뜻이지요.

　백제의 탑 가운데 대표적인 것은 정림사지 5층 석탑과 미륵사지 석탑입니다.

　정림사지 5층 석탑은 충청남도 부여군 부여읍 동남리의 정림사지에 있으며, 국보 제9호로 지정되어 있습니다. 높이 8.33미터의 이 5층 석탑은 일반적인 석탑처럼 지대석을 세우고 기단부를 만든 다음, 그 위에 5층의 탑신부를 놓고 맨 꼭대기에는 상륜부를 만들었습니다. 여러 개의 장대석으로 지대석을 만들고 그 위에 기단을 놓았는데, 기단은 단층 기단으로 2단의 높은 굄대 위에 면석이 놓여 있습니다.

　면석의 높이는 낮고 각 면에 양쪽 우주가 마련되었습니다. 8매의 판석으로 이루어진 갑석은 매우 두꺼운데, 이러한 기단부 형식은 목조 건축물 기단과 비슷합니다. 이는 정림사지 5층 석탑이 목탑 형식을 본받았음을 알려 줍니다. 다시 말해 목조탑의 구조를 석재로 변형해 표현하는 것이지요.

　그러나 세부 수법에서는 맹목적으로 목조탑 형식을 따르지 않았습니다. 단순한 모방에서 벗어나 세련되고 창의적인 조형을 보이며, 전체적으로 장중하고 명쾌해 격조 높은 기풍을 자아냅니다.

　익산 미륵사지 석탑은 높이 14.24미터로 우리나라에서 가장 오래 되고 규모가 큰 석탑입니다. 국보 제11호로 지정되어 있는 이 석탑은 동북면 한 귀퉁이만 6층까지 남아 있지요. 이 탑도 정림사지 5층 석탑처럼 목탑 형식이며, 만들었을 당시 약 20미터 높이의 9층 탑이었을 것으로 여겨집니다.

두 탑으로 보아 백제의 석탑은 대부분 목탑 형식을 띠는 장엄하고 격조 높은 기풍을 지니고 있었던 것으로 여겨집니다.

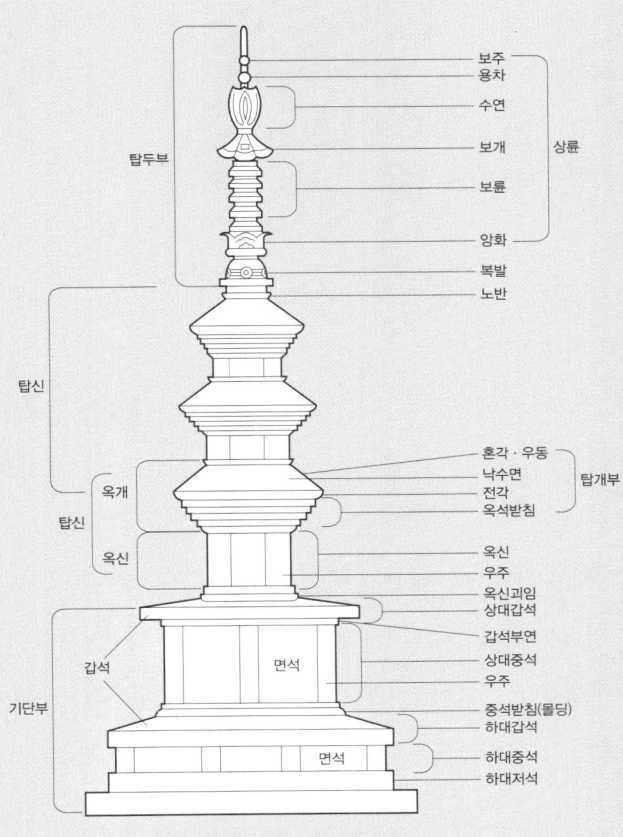

제31대 의자왕실록

백제의 마지막 왕 의자왕

신라를 누르고 영토를 넓힌 의자왕

의자왕은 무왕의 맏아들로 632년 태자에 책봉되어, 641년 3월 무왕이 세상을 떠나자 왕위에 올랐다.

그는 왕위에 오르자마자 무왕에 이어 신라를 공격하는 데 적극 나섰다. 642년 7월에는 직접 군사를 이끌고 신라의 40여 성을 무너뜨리는 큰 성과를 올렸다.

의자왕은 이에 만족하지 않고 장군 윤충을 불러 명령했다.

"지금 신라의 대야성에는 성주로 있는 김품석이 민심을 잃고 있어 방비가 허술하다고 한다. 그대에게 군사 1만 명을 줄 테니 김품석과 신라 군을 죽이고 대야성을 무너뜨리도록 하라."

의자왕의 명령을 받은 윤충은 642년 8월 대야성(경상남도 합천)을 무너뜨리는 데 성공했다. 그러자 신라에서는 난리 법석이 일어났다.

"아니, 어쩌다가 대야성이 무너졌단 말인가?"

"나는 새도 넘을 수 없다던 대야성이 무너졌으니 백제 군이 언제 서라벌로 쳐들어올지 알 수 없는 것 아닌가?"

대야성은 백제에서 신라로 넘어가는 길목에 있는 요새였다. 이곳은 막기는 쉬워도 공격하기는 어려워서 대야성이 백제에게 넘어간 것은 신라에게 큰 위협이었다.

신라 선덕왕은 김춘추를 불러 말했다.

"백제의 위협이 심상치 않소. 그대가 고구려에 가서 도움을 청하도록 하시오. 고구려와 손잡고 백제에 복수를 해야겠소."

김춘추는 고구려로 가서 최고 권력자인 연개소문[1]을 만났다.

"백제는 고구려에게도 오래전부터 적이었습니다. 지금 우리가 백제를 치려고 하니 고구려에서 힘을 보태 주었으면 합니다."

하지만 연개소문은 차갑게 말했다.

"신라는 지난날 우리가 외적의 침입을 받고 있는 틈을 타서 고구려 남쪽 땅을 차지했다. 그 땅을 돌려주면 신라를 도와줄 것인데, 그대의 생각은 어떠한가?"

김춘추는 땅을 돌려 달라는 연개소문의 말을 받아들이지 않았다. 그러자 연개소문은 그를 감옥에 가두어 버렸다. 고구려에 도움을 청하러 왔다가 죽을 위기에 놓인 김춘추는 신라로 돌아가 땅을 돌려줄 수 있도록 하겠다고 거짓말을 한 뒤에야

---

1. 연개소문 (?~666)

고구려의 대막리지(재상)이자 장군, 정치가다. 642년에 자신을 해치려던 대신들을 없애고 반란을 일으켜 영류왕을 죽였다. 그 뒤 보장왕을 세우고 스스로 대막리지가 되어 권력을 잡았으며 당나라 침입을 4차례나 막아 냈다.

삼충사

백제의 충신인 성충, 흥수, 계백을 기리기 위해 지은 사당이다. 1981년 다시 지어졌으며 해마다 삼충제를 지내고 있다.

충청남도 부여군

겨우 풀려날 수 있었다.

이 무렵 의자왕은 성충을 보내 고구려와 손을 잡고자 했다. 고구려와 손잡고 신라를 치려는 생각이었다.

성충은 연개소문을 만나서 이렇게 말했다.

"고구려가 당나라와 전쟁을 할 생각이라면 백제와 손을 잡아야 할 것입니다. 만약 백제와 손을 잡지 않으면 당나라 수군이 백제 땅으로 들어와 고구려를 양쪽에서 공격할 것입니다. 당나라가 신라와 손을 잡는 것은 고구려에 큰 위협이 되지 않으니 고구려는 마땅히 우리와 손을 잡아야 하지 않겠습니까?"

연개소문은 이 말을 옳게 여기고 백제와 화친을 맺었다.

의자왕은 고구려와 손잡는 데 성공하자 마음 놓고 신라를 공격할 수 있었다. 그러나 신라가 당에 도움을 요청하자 당 태종[2]이 백제와 고구려에 사신을 보내 신라 공격을 중단하라고 요구

2. 당 태종 (598~649)

당나라 제2대 황제(재위 기간 626~649)로 이름은 이세민이다. 아버지 이연을 도와 당나라를 세우는 데 큰 역할을 했으며 형을 죽이고 왕위에 올랐다. 그 뒤 당나라의 문화와 정치를 발전시켜 부흥을 이루었으며 말년에는 고구려 침략에 실패해 나라의 안정을 해치기도 했다.

했다.

　백제는 당 태종의 요구를 받아들였지만 고구려는 눈썹 하나 까딱하지 않았다. 당 태종은 자신을 무시하는 고구려를 혼내 주겠다며 645년 3월 고구려와 전쟁을 일으켰다.

　'신라는 당나라만 믿고 있는데, 지금 당나라가 고구려와 전쟁을 하느라 정신이 없으니 이때 신라를 쳐야겠다."

　의자왕은 이렇게 생각하고 645년 5월 신라를 공격해 이전에 빼앗겼던 7개 성을 찾아왔으며 647년 10월에는 감물성과 동잠성을 공격했다.

　이때 신라 장군 김유신의 반격으로 백제 군은 졌지만, 이듬해 3월 백제는 다시 신라를 공격해 10여 개 성을 빼앗았다. 그리고 649년 4월에는 7개 성을 빼앗았으며 655년 1월에는 고구려, 말갈과 힘을 모아 신라의 23개 성을 무너뜨렸다. 그해 8월에 또다시 30여 개 성을 빼앗았다.

　이로써 백제는 신라를 완전히 누르면서 영토를 넓혔으니 이때만 하더라도 의자왕이 다스리는 백제가 무너지리라고는 아무도 생각하지 못했다.

의자왕의 타락과 백제의 멸망

　　　　　　　　　　　　의자왕은 신라와 벌인 전쟁에서 계속 이기며 수많은 성을 빼앗자 점점 마음이 풀어졌다. 마침내 의자왕은 나랏일은 제쳐 두고 궁궐에서 술판을 벌이며 노는

3. 소정방 (595~667)

중국 당나라의 장군으로 이름은 열이다. 660년에 나당 연합군의 대총관으로서 13만 명의 당나라 군사를 이끌고 백제의 사비성을 무너뜨리고 의자왕을 사로잡았다.

일에 빠져 들기 시작했다.

"폐하, 나라 밖이 여전히 어수선하고 백제의 위상을 세우기 위해 갈 길이 아직도 먼데, 어찌하여 나랏일에 등을 돌리고 계십니까? 예전의 현명함을 다시 찾으셔야 합니다."

놀기만 하는 의자왕을 보다 못한 성충이 용기를 내어 말하자 의자왕 옆에 있던 신하 임자가 말했다.

"폐하, 성충은 자신이 이 세상에서 가장 똑똑한 줄 알고 임금을 무시하고 있습니다. 저런 자는 옥에 가두어 엄히 다스려야 할 것입니다."

그러자 의자왕은 임자의 말에 따라 성충을 감옥에 가두어 버렸다. 감옥에 갇힌 성충은 밥도 먹지 않고 물도 마시지 않으면서 슬퍼했다. 그리고 마지막으로 의자왕에게 충고의 말을 남겼다.

"폐하, 얼마 안 가서 당나라와 고구려의 전쟁이 또다시 벌어질 것입니다. 그러면 신라는 당나라 군과 함께 백제를 칠 것입니다. 이에 철저히 대비해야 합니다."

하지만 의자왕은 성충의 말을 듣지 않았다.

658년 당나라가 고구려를 침략하더니 660년 6월에는 당나라 장수 소정방[3]이 군사 13만 명을 거느리고 와서 신라의 5만 군대와 함께 백제를 공격했다.

그제야 의자왕은 정신이 번쩍 들었다. 재빨리 신하들을 불러 모아 대책을 의논했지만 어찌해야 할지 몰랐다. 그래서 귀양살이를 하고 있던 신하 흥수에게 사람을 보내 대책을 물었다.

흥수가 대답했다.

"적군이 몰려오면 육지로는 탄현을 지나지 못하게 막고, 수군이 몰려오면 백강을 지켜 막아야 합니다. 지형이 험한 곳에 의지해 두 곳을 지키면 적을 막을 수 있을 것입니다."

그러나 다른 신하들의 의견은 달랐다.

"당나라 군사를 백강 안으로 끌어들여 단숨에 공격해야 합니다. 당나라 군은 먼 길을 오느라 지쳤을 테니 우리가 이길 수 있을 것입니다."

이런 신하들은 전술을 모르고 주장한 것이었다. 그러나 의자왕은 이들의 말을 따랐다가 결국 당나라 군사가 순식간에 백강과 탄현을 지나 사비성까지 밀려오는 것을 막지 못했다.

"장군 계백은 목숨을 걸고 나아가 적을 막아 내도록 하라."

의자왕은 마지막으로 백제 최고의 장수 계백에게 명령했다. 계백은 죽음을 각오한 5,000명의 군사를 이끌고 황산(충청남도 연산)으로 나아갔다. 계백은 이곳에서 신라의 5만 군사를 맞아 네 차례나 이겼으나 결국 10배나 많은 신라 군에게 무너지고 말았다.

계백마저 무너지자 의자왕은 더 이상 신라와 당나라 군사를 막아 낼 재간이 없었다. 그래서 태자 효를 데리고 웅진성으로 달아났다.

의자왕이 달아나자 둘째 아들 태가 스스로 왕이 되어 도성을 지켰다. 하지만 태는 소정방의 당나라 군사들에게 항복했다. 그 뒤 의자왕도 항복해 신라 무열왕과 당나라 소정방에게 술잔을 올리는 수치를 당하고 말았다.

소정방은 660년 9월 의자왕과 백제의 왕족, 신하 그리고 백성 1만 2,807명을 당나라로 끌고 갔다. 이로써 백제는 온조가 나라를 세운 지 678년 만에 멸망하고 말았다.

하지만 의자왕이 항복한 뒤에도 백제의 뜻있는 장수들은 계속 맞서 싸웠다.

첫 번째 인물은 무왕의 조카인 복신이었다. 그는 주류성을 손에 넣고 승려 도침의 도움을 받으며 저항 운동을 벌였다. 또한 임존성(충청남도 예산) 지역에서는 장군 흑치상지가 백제 병사들과 백성을 모아 저항 운동을 벌였다.

백제를 되살리기 위한 이들의 저항은 백성들의 호응을 받으며 들불처럼 번져 나갔고, 순식간에 수만의 병력을 이루었다. 그리하여 소정방의 당나라 군을 공격하기 시작했고 마침내 사비성을 포위하는 데까지 이르렀다.

복신은 이처럼 눈부신 활약을 펼치며 왜에 도움을 요청했다. 왜의 정예 군대가 도와주기만 하면 백제를 다시 세울 희망이 있었다.

하지만 왜는 군사 보내는 것을 망설였다. 그러는 사이 백제의 저항군은 신라 군에게 크게 지면서 빠른 속도로 무너지기 시작했다.

이런 상황에서 662년 5월 마침내 부여풍이 왜군 1만 명을 이끌고 백제 땅에 도착했다. 복신은 풍을 왕으로 세우고 왜군 정예 병력 1만 명과 함께 다시 힘차게 저항 운동을 벌이기 시작했다. 그리하여 당나라 군을 궁지에 몰아넣고 승리를 눈앞에 두고 있었다.

하지만 백제를 다시 세우려는 저항 운동은 내부에서 무너지고 말았다. 복신은 도침과 주도권 다툼을 벌이다가 그만 도침을 죽여 버렸던 것이다. 그 뒤 복신과 풍왕의 사이도 나빠져 결국 풍왕이 복신을 죽여 버리고 말았다.

임존성

고구려 침입에 대비해 쌓은 성으로 백제의 수도 경비 외곽 기지 역할을 한 것으로 보인다. 이곳에서 흑치상지를 중심으로 백제의 부흥을 꾀했으나 실패하고 말았다.

충청남도 예산군

214 백제사 이야기

제31대 의자왕 가계도

복신과 도침을 잃은 백제 군은 결국 신라와 당나라의 연합군에 맞서 백강에서 전투를 벌이다가 함선 400여 척이 불타는 패배를 당하고 말았다. 그 뒤 백제 군은 회복할 수 없게 무너졌고 풍왕은 겨우 고구려로 달아났다.

　임존성에서 흑치상지가 저항하고 있었지만 그 또한 당나라 군에 항복해 백제의 저항 운동은 3년 만에 끝났다.

　이로써 백제는 역사 무대에서 완전히 사라졌다. 3년 동안 벌어진 저항 운동은 백제 사람들의 무서운 저력을 보여 준 마지막 불꽃이었다.